Sexy
Zen et
Happy

Catalogage avant publication de Bibliothèque et Archives nationales
du Québec et Bibliothèque et Archives Canada

Michaud, Christine, 1970-

Sexy, zen et happy

Comprend des références bibliographiques.

ISBN 978-2-89225-824-0

1. Réalisation de soi. 2. Bonheur. 3. Psychologie positive. 4. Thérapie cognitive basée sur
la pleine conscience. I. Titre.

BF637.S4M52 2013   158.1   C2013-941632-3

Adresse municipale:
Les éditions Un monde différent
3905, rue Isabelle, Brossard, bureau 101
(Québec) Canada J4Y 2R2
Tél.: 450 656-2660 ou 800 443-2582
Téléc.: 450 659-9328
Site Internet: www.umd.ca
Courriel: info@umd.ca

Adresse postale:
Les éditions Un monde différent
C.P. 51546
Greenfield Park (Québec)
J4V 3N8

Dépôts légaux: 4e trimestre 2013
Bibliothèque et Archives nationales du Québec
Bibliothèque et Archives Canada
Bibliothèque nationale de France

Conception graphique de la couverture, infographie et mise en pages:
OLIVIER LASSER

Photo de la couverture: © FRANCE BOUCHARD

Typographie: Minion 12 sur 14

ISBN 978-2-89225-824-0

*Nous reconnaissons l'aide financière du gouvernement du Canada par l'entremise du
Fonds du livre du Canada (FLC) pour nos activités d'édition.*

*Gouvernement du Québec – Programme de crédit d'impôt pour l'édition
de livres – Gestion SODEC.*

Gouvernement du Québec – Programme d'aide à l'édition de la SODEC.

IMPRIMÉ AU CANADA

CHRISTINE MICHAUD

Sexy Zen et Happy

UN MONDE DIFFÉRENT

« *La personne est une multiplicité intérieure,
inachevée, appelée à s'ordonner, s'unifier.
Dieu ne fait qu'ébaucher l'homme,
c'est sur la terre que chacun se crée.* »

— PROVERBE AFRICAIN

Pour vous,
Parce que nos histoires se ressemblent,
Puisque nous ne sommes qu'un…

Éveillons-nous aujourd'hui,
Pour créer ensemble ce nouveau monde
de paix et d'amour.

En hommage posthume à mamie Yvette…
celle qui comprenait et qui agissait.

Sommaire

Prologue

La leçon de l'aigle

« Un beau jour ou peut-être une nuit
Près d'un lac je m'étais endormie
Quand soudain, semblant crever le ciel
Et venant de nulle part,
Surgit un aigle noir. »

— *L'aigle noir, paroles et musique de Barbara*

Selon les Amérindiens, l'aigle représente la grande sagesse. Il aide à prendre le recul nécessaire pour faire notre bilan de vie. Il nous exhorte à percevoir autant nos zones d'ombre que celles plus lumineuses pour découvrir qui nous sommes vraiment et nous donner un nouvel élan. Il a l'habileté de vivre dans le domaine de l'esprit tout en restant équilibré et bien ancré dans le domaine terrestre. L'aigle incarne la force divine et il apporte l'éveil et l'illumination.

Un texte de tradition amérindienne relate que l'aigle peut vivre jusqu'à soixante-dix ans, soit la plus longue vie de tous les spécimens de son espèce. Mais pour y arriver, il lui faudra relever le défi de ses quarante ans.

À cet âge, l'aigle sera placé devant un choix : se laisser mourir ou traverser un processus de changement qui durera cent cinquante jours, soit cinq mois.

Il devra alors se rendre dans un nid au sommet d'une montagne, où il amorcera le processus de régénération. D'abord, il frappera son bec sur une roche jusqu'à ce qu'il éclate pour permettre à la nouvelle corne de pousser. Avec ce nouveau bec fort et rigide, il arrachera ses griffes une à une pour permettre la repousse de nouvelles serres. Enfin, il se déplumera complètement pour faire place à de nouvelles plumes plus légères et souples.

Après cette longue et laborieuse transformation, il fera son premier vol de renaissance, ce qui ajoutera au moins trente années à son existence.

La vie offre de multiples occasions de renaître à soi-même. L'expérience peut parfois se révéler difficile, mais nous avons toujours le choix : se laisser mourir à petit feu ou renaître à quelque chose de nouveau, et ainsi se donner une seconde chance.

Telle est la leçon de l'aigle.

Une nuit
mouvementée

« Rêver n'est pas dormir, mais veiller, se déplacer, agir autrement. Considère le monde des rêves comme un second monde, avec ses lois, ses personnages, sa réalité. Ton esprit n'est pas enfermé dans la conscience de tous les jours. Il s'étend sur les deux mondes à la fois, au même moment. »

— Sagesse amérindienne

L e curieux événement que je m'apprête à vous raconter s'est produit à l'été 2011, plus précisément dans la nuit du 6 au 7 août. À minuit pile, j'envoyais par courriel le manuscrit de mon deuxième livre à l'éditeur, imprégnée d'un délicieux sentiment du devoir accompli. J'aurais aimé pouvoir festoyer en ouvrant une bouteille de champagne, mais je prenais l'avion à 6 h le lendemain matin.

Comme cadeau d'écriture, je me suis offert une semaine de méditation *en pleine conscience* avec le maître zen Thich Nhat Hanh. Pour la première fois de ma vie, je partais sans artifice ni accessoire électronique. J'allais décrocher complètement pour me rencontrer de l'intérieur. Après avoir trimé dur sur plusieurs projets, je me disais que ce temps d'arrêt me serait des plus bénéfiques.

Sur ces douces pensées, je m'endormis paisiblement. Mon sommeil fut toutefois de courte durée, puisque peu de temps après m'être retrouvée dans les bras de Morphée, quelque chose d'étrange me réveilla. En ouvrant les yeux, je vis une multitude de petites lumières blanches et scintillantes au plafond de ma chambre.

J'ai toujours envié ces personnes qui racontent des histoires de rencontres avec des guides spirituels ou des anges. À une certaine époque, je les suppliais presque de venir me visiter. Cela ne m'était encore jamais arrivé. Malgré l'intensité de mon désir de les voir apparaître, j'avais cette peur d'être troublée par leur présence. Je devais brouiller les ondes sans trop m'en rendre compte !

Quoi qu'il en soit, cette nuit-là, j'ai choisi de croire qu'ils étaient passés me saluer. Peut-être souhaitaient-ils célébrer avec moi ? Ils avaient assurément participé à mon processus d'écriture. J'aurais pu les qualifier de divins inspirateurs. Et de là où ils se trouvaient, ils étaient probablement en mesure de voir ce qui m'attendait… Une semaine qui allait changer ma vie !

Peu de temps après m'être rendormie avec de la reconnaissance au cœur pour leur visite, je fus à nouveau réveillée. Plus doucement cette fois… J'avais l'impression d'être entre deux mondes… On essayait de me transmettre quelque chose. Puis, je ne saurais dire comment ça s'est passé exactement, mais j'ai reçu trois mots. Je ne les ai pas entendus, ni vus, mais plutôt ressentis. On m'exhortait à les écrire même ! Paresseuse, je tentai de me convaincre que je pourrais toujours les noter le lendemain matin. Mais le ressenti se fit plus insistant. En fait, je compris que je ne pourrais jamais me rendormir tant que je n'aurais pas noté ces trois mots.

Alors, je me levai et me dirigeai avec lenteur vers mon bureau au rez-de-chaussée. Après avoir trouvé papier et crayon, je notai ceci :

Sexy
Zen et
Happy

Le plateau

« *La vie, c'est comme une bicyclette,*
il faut avancer pour ne pas perdre l'équilibre. »

– *Albert Einstein*

P lusieurs mois après ma retraite de méditation *en pleine conscience*, je cherchais toujours le véritable sens des trois mots reçus. Au-delà de cette signification liée au bien-être du corps, de l'esprit et du cœur, je sentais que ces mots étaient investis d'une mission particulière. On m'avait livré un programme avec pour seul indice son aboutissement : *Sexy, zen et happy.*

Je ne saurais dire qui précisément m'accompagnait, mais dans les périodes les plus houleuses de ma vie comme dans les moments de grands questionnements, j'avais tendance à recevoir des réponses. Je me sentais alors guidée à agir et cette fois ne faisait pas exception à la règle.

Car, effectivement, je m'étais récemment posé une question existentielle. Était-ce vraiment possible de transformer sa vie au point d'avoir l'impression de renaître à soi-même? Avions-nous droit à une seconde chance? Surtout après avoir fait de mauvais choix, après s'être trompé de chemin ou, plus simplement, en prenant conscience de notre état de mortel, du temps qui passe et des rêves encore inaccomplis. Nous nous étions peut-être trompés sur toute la ligne…

Et s'il n'y avait pas d'erreur possible, seulement des expériences qui nous mènent exactement là où l'on doit être? Et si le temps était une illusion tout comme le vieillissement qui freine nos projets parfois? Et si nous étions véritablement immortels? J'eus la profonde conviction que les mots *sexy, zen, happy* coïncidaient avec cette vision, ce potentiel humain.

J'étais parvenue à une étape de mon existence où tout allait relativement bien. J'accomplissais ma mission de vie, et je réalisais assez aisément ce qui me tenait à cœur, en grande partie grâce à mes apprentissages relatifs à la loi de l'attraction.[1] J'aurais pu poursuivre sur cette lancée, mais j'avais la curieuse impression de passer à côté de quelque chose de plus important encore…

J'étais de plus en plus fascinée par les livres anciens, l'œuvre des grands philosophes et les enseignements spirituels. De tout temps, on parlait d'un autre degré de conscience accessible à l'être humain. Plusieurs recherches prouvaient que nous n'utilisions qu'une faible

---

1. Lire à ce sujet mon *Petit cahier d'exercices pour attirer à soi bonheur et réussite*, publié en 2012 par les éditions Jouvence.

partie de nos capacités cérébrales. De la même façon, nous n'étions conscients que d'une portion limitée de notre monde. Nous commencions à peine à découvrir les fabuleuses facultés de notre esprit.

Heureusement, grâce à leurs expériences personnelles, des scientifiques tels que les Drs Jill Bolte Taylor et Eben Alexander ouvraient notre conscience en même temps que le champ des possibilités. Je pressentais que nous n'étions pas au bout de nos formidables découvertes !

On parlait du 21 décembre 2012 comme du jour où tout allait basculer. On disait que l'humanité était en transition vers une autre dimension. Tout portait à croire que nous étions collectivement en train d'élever notre conscience.

Si l'Homme était le microcosme du macrocosme, la transformation de l'humanité devrait nécessairement passer par l'évolution de chaque être humain. Hermès Trismégiste, dans sa *Table d'émeraude*, disait que « ce qui est en haut est comme ce qui est en bas ».

Thich Nhat Hanh enseignait quelque chose de semblable en affirmant que « *the way out is in* » : pour s'en sortir, il faut entrer à l'intérieur de soi. Si nous pénétrons profondément à l'intérieur de nous-mêmes, nous changeons nos circonstances extérieures. Plus nous nous connectons à notre essence, plus le monde autour de nous se transforme.

Et si l'humanité tout entière avait atteint un plateau en ce moment ? Vous savez, comme lorsqu'on suit un régime amaigrissant ou un programme d'entraînement physique. Il arrive un moment où la personne ne perd plus de poids même si elle poursuit religieusement la diète ou l'entraînement. Le corps s'est accoutumé aux nouvelles habitudes alimentaires et aux exercices. C'est une étape normale qui démontre que le corps, tout comme l'humain dans son ensemble, finit par s'habituer à tout. Pour surmonter ce plateau, il faudra apporter des changements à la routine.

Personnellement, je sentais que j'avais atteint cette étape du plateau en passant le cap de mes quarante ans. Plutôt que de capituler devant mon âge ou la réalité, j'eus cette idée folle de savoir ce qui pourrait m'advenir en m'offrant une renaissance. Je souhaitais tester les limites de mon corps et de mon esprit pour me permettre de goûter davantage à la vie. Cette période mature de la quarantaine, ou de tout autre changement de dizaine chez l'adulte, constitue le moment parfait pour se donner un second souffle. Nous avions déjà plusieurs expériences à notre actif, nous nous connaissions un peu mieux, et nous avions davantage les moyens de nos ambitions.

Par contre, pour effectuer cette transformation, à l'instar de l'aigle, il nous était demandé d'accepter de nous défaire de tout ce qui entravait notre chemin. Un grand ménage était requis. Comme la vie sait lire entre les lignes et capter nos moindres intentions, il faut faire bien attention à ce que nous désirons, car cela risque de se réaliser, mais pas toujours comme nous l'aurions souhaité…

Une prédiction surprenante

« *La ruine est un cadeau.*
La ruine est la voie vers la transformation. »

– *Elizabeth Gilbert, Mange, prie, aime*

Un astrologue m'avait prédit tout ce qui était en train de m'arriver… Jamais je n'aurais pu me douter que ma vie changerait à ce point. J'étais allée le consulter parce que ma vie amoureuse était en perte de vitesse… Je me demandais si je n'avais pas quelque chose à comprendre, une blessure à guérir peut-être? Pourquoi donc ma première histoire d'amour, avec mon époux, n'avait-elle pas marché? Je croyais que nous allions passer notre vie ensemble. Puis, les relations s'étaient enchaînées, me laissant toujours plus perplexe et déroutée d'une rupture à l'autre.

Dès le début de cette rencontre, l'astrologue y alla d'une affirmation surprenante…

«Vous croyez que vous êtes ici pour " régler " votre vie amoureuse, mais je dois vous annoncer que tout va bien. Le bon viendra. Au bon moment. Pour l'instant, ce dont vous avez à vous occuper concerne davantage votre vie professionnelle. Vous allez subir un effondrement de ce côté. Toutefois, sachez aussi que cet écroulement vous permettra de vivre une renaissance qui influera sur tous les autres aspects de votre vie.

– Eh bien, bravo! Le moins que l'on puisse dire, c'est que je ne m'attendais pas à cela.»

Depuis plusieurs années déjà, j'avais l'impression d'être sur mon X^2, ou de me retrouver juste là où il faut. J'avais tellement cherché ce que je pouvais bien être venue faire sur terre, et l'ayant maintenant trouvé, je me laissais porter par cette douce certitude d'être enfin au bon endroit, accomplissant ma mission de vie. Bien sûr, j'avais des doutes parfois et ce n'était pas toujours la vie parfaite, mais je me sentais tout de même bien «alignée».

Je suis revenue chez moi inquiète, voire apeurée par la prédiction de l'astrologue. Qu'allait-il m'arriver pour causer cet effondrement professionnel? J'avais divers mandats dans les médias. Je faisais quelques chroniques ici et là, en plus d'être porte-parole d'une grande chaîne de librairies. Puis, on venait de m'offrir mon premier contrat d'animatrice d'une émission de

---

2. Comme dans un studio de télé où le X est une marque sur le plancher pour nous indiquer où se placer.

télévision sur le bonheur, un sujet qui me tenait très à cœur et que je sentais porteur pour bien des gens. Tout cela semblait bien ancré, coulé dans le béton, comme on dit !

La vie nous réserve parfois des surprises… Quelques années auparavant, j'avais sombré dans les affres de la dépression par manque de connexion avec qui j'étais, et surtout par manque d'engagement face à ma vie. Je me sentais alors assise entre deux chaises qui ne me convenaient ni l'une ni l'autre. Ma dépression m'avait permis de voir le fauteuil moelleux et confortable qui m'attendait depuis toutes ces années. Surtout, j'avais enfin osé m'asseoir dedans !

Aujourd'hui, lorsque je parle de cette période, je la compare à un « cadeau mal emballé » de la vie. Personne ne souhaite faire une dépression, perdre ses repères, pleurer sans cesse et penser que l'on va finir internée dans un hôpital psychiatrique. Mais je peux vous garantir que plusieurs personnes aimeraient recevoir le cadeau qui se cache derrière cette épreuve. Cette dépression m'avait obligée à apprendre à mieux me connaître, et à faire de nouveaux choix, davantage en concordance avec les aspirations de mon âme.

La vie a souvent plus d'un tour dans son sac et elle semble parfois plus intelligente que nous… Lorsque nous avons un rêve ou simplement un désir d'améliorer les choses, il se peut que des événements soient provoqués pour amorcer un changement. Pour obtenir un nouveau jeu, il faut brasser les cartes ! Cette acceptation du changement nous apprend à danser avec la vie. Il nous est simplement demandé d'être ouvert et de faire confiance.

Et si la fameuse formule magique d'Ali Baba était une piste pour ouvrir notre conscience et nous aider à évoluer? Il suffit de remplacer le mot *sésame* par notre prénom. Dans mon cas, ça donnerait: «Christine, ouvre-toi!» Voilà donc la nouvelle formule que j'ai décidé d'appliquer à ma vie. J'acceptais de suivre le courant. J'allais surfer sur la vague du changement parce que je savais que notre vision est souvent limitée et que nous avons tendance à ne pas voir plus loin que le bout de notre nez. Cet écroulement annoncé marquait peut-être le début d'une renaissance souhaitée? Tout était question de perspective!

Je dois avouer par contre que j'étais plutôt curieuse et un brin angoissée… Quelle forme prendrait cet effondrement? Je ne tardai pas à le savoir…

Comme un jeu de dominos...

« *Le malheur peut être un pont vers le bonheur.* »

– *Proverbe japonais*

D'abord, je reçus un appel de mon grand patron à la télévision. D'entrée de jeu, il s'excusa de ne pas pouvoir être présent physiquement pour cette conversation. Il avait une mauvaise nouvelle à m'annoncer. Pour la prochaine saison de l'émission matinale à grande écoute dans laquelle je tenais une chronique littéraire, la production avait décidé d'y aller d'un changement de garde. On voulait du sang neuf ! Qui dit nouvelle orientation dit souvent nouvelle équipe ! Ça faisait onze ans déjà que je faisais partie du groupe : il était donc temps pour moi de laisser la place à quelqu'un d'autre.

Je comprenais la situation, mais je savais aussi que mon patron me taisait les véritables raisons de cette mise à pied. À quoi cela aurait-il servi d'en discuter de long en large, la décision était prise et il avait d'autres appels à faire!

Pour être honnête, ça faisait plus d'un an que je me questionnais sur ce mandat. Au fil des années et de mes lectures, j'avais développé ma spiritualité. J'avais de moins en moins le goût de lire de tout, et j'avais de plus en plus d'intérêt pour les livres qui réconfortent et qui nous aident à évoluer sur le plan de la conscience. On me reprochait souvent d'ailleurs de trop parler de ce genre de lecture. À l'occasion, je sentais que l'on riait gentiment de moi en m'apposant certaines étiquettes rose bonbon...

Je sentais que le cadre devenait pour moi trop restreint et j'osais parfois avouer à des proches mon souhait secret de me retirer de cette émission. On me répondait alors que j'étais folle puisque je me couperais assurément d'une grande visibilité. Mais à quoi sert une visibilité liée à ce qui ne nous représente pas tout à fait? On risque alors de s'égarer et surtout de s'éloigner de son essence...

Deux jours passèrent pendant lesquels je ne savais plus très bien si je devais pleurer ou me réjouir. Mon « petit moi » était déçu et choqué d'avoir été mis de côté, mais j'avais l'impression que la partie divine en moi était ravie de ce coup de pouce de la vie pour me permettre de me déployer davantage, et de suivre ma voie. Tout me porta à croire qu'il s'agissait d'un divin complot puisque je reçus une autre « mauvaise nouvelle »...

Je tenais également deux autres chroniques litté-
raires à la radio, pour d'autres émissions à forte cote
d'écoute. Là encore, mes services devenaient non requis.
Sur le coup, j'encaissai le choc en me disant qu'ainsi
allait la vie, mais le soir au souper, je m'effondrai.

Même lorsque l'on sait ou l'on sent que les choses
arrivent pour une raison, et pour le mieux, il y a un
deuil à faire. Mais souvent, ces périodes sombres nous
permettent de faire un bilan ou du moins un certain
ménage. Elles sont le terreau fertile pour se donner
une nouvelle direction, donc une chance inouïe de
faire un bond d'évolution. Si l'on accepte de le voir
ainsi, bien sûr!...

Rendez-vous avec une grenouille...

*« Le chaos est rempli d'espoir
parce qu'il annonce une renaissance. »*

– Coline Serreau

Pour me changer les idées et prendre le temps d'encaisser les dernières nouvelles, je m'offris un séjour dans une auberge en bord de mer. Déjà, en visitant le site Internet de l'auberge, j'étais conquise. Les chambres portaient toutes des noms et les murs de chacune étaient peints par des artistes de la région. Cet endroit semblait nimbé de magie…

Cependant, je perdis de mon enthousiasme au moment où je tentai d'effectuer ma réservation sur le site Web. Aucune chambre n'était disponible pour le prochain week-end. Or, en constatant que le nom de la rue sur laquelle était située l'auberge était le prénom de la mère récemment décédée de mon ex, une petite voix me poussa à appeler quand même. J'avais tendance à croire à la puissance de la synchronicité. Au moment où je faisais part de ma déception à la réceptionniste de l'auberge, cette dernière se mit à rire en me disant : « Mais vous êtes chanceuse, une dame vient d'annuler sa réservation pour la prochaine fin de semaine. »

Moi, chanceuse ? C'était le dernier qualificatif dont j'aurais pu m'affubler dans les circonstances de cette période de ma vie, mais j'y vis un signe… Peut-être que la situation était moins désespérée qu'elle ne le semblait !

L'endroit s'avéra effectivement magnifique malgré la brume qui recouvrait la région lors de cette fin de semaine. Alors que je prenais l'apéro dans le grand salon le samedi soir, je remarquai à quel point il y avait des grenouilles partout dans l'auberge. Les propriétaires devaient aimer ces petites bêtes, car même l'endroit était nommé en leur honneur. Quelle était la symbolique de la grenouille ? Avait-elle une signification particulière ?

En effectuant quelques recherches, je découvris qu'il s'agissait d'un signe de renaissance, comme une résurrection même ! La grenouille était un symbole d'évolution et d'aboutissement, mais également un présage de chance. Elle aidait à trouver le courage nécessaire pour accepter la nouveauté, et prendre soin de soi. Grande communicatrice, la grenouille symbolisait la voix du peuple et elle transmettait les connaissances.

Certains croyaient même que les coassements rythmés de la grenouille avaient des pouvoirs magiques ou carrément divins. Au Viêtnam, elle était considérée comme l'âme qui voyage tandis que le corps dort. Pour les Celtes, la grenouille représentait la sensibilité, la beauté et elle était également messagère de bonheur.

Ce symbole n'arrivait certainement pas par hasard dans ma vie. Nous avions rendez-vous elle et moi. Je ne le savais pas encore, mais la grenouille deviendrait une accompagnatrice hors pair en me rappelant continuellement que malgré les difficultés apparentes, j'évoluais. Plus encore, j'allais cheminer vers une version améliorée de moi-même.

À la fin de mon séjour, alors que je me rendais à la réception de l'hôtel pour régler ma facture, l'un des nombreux bibelots en forme de grenouille attira mon attention. Une jolie rainette couronnée portait une clé suspendue à son cou et tenait un livre entre ses mains. Cela me fit penser à ma carrière de chroniqueuse littéraire qui venait de prendre fin. En la soulevant pour l'observer plus attentivement, j'eus un choc en apercevant ce qui était écrit à l'intérieur de son livre…

« Happy » ! Voilà comment son histoire à elle commençait. Ce qui était un début pour la grenouille semblait une résultante pour moi, si je me fiais aux trois mots reçus dans la nuit du 6 au 7 août… « Tout est interrelié », affirmaient les bouddhistes. Comment savoir ce qui était le début et ce qui était la fin ?

Les mots *sexy, zen et happy* étaient interreliés, en ce sens qu'ils se complétaient et se nourrissaient les uns les autres. En recherchant le bonheur, on risquait de trouver la paix de l'esprit et de se sentir mieux dans son corps. En prenant soin de son corps, on apaisait le mental et cela nous rendait plus heureux aussi. Peu importe l'ordre ou la façon de le faire, l'engagement à prendre soin de son corps, à être en paix et heureux dans son esprit aboutissait ultimement à l'unification complète de l'être. Cet état devait certainement s'approcher du bonheur véritable. Bien sûr, il n'était peut-être pas permanent. Rien ne l'était d'ailleurs. Mais le fait d'y accéder plus souvent s'avérait pour moi non seulement souhaitable, mais nécessaire si je voulais vivre la vie de mes rêves.

Avec tous les signes reçus, et pressentant que le processus de transformation était bel et bien enclenché, je me fis une promesse. Je ferais tout ce qu'il fallait pour devenir *sexy, zen et happy.* J'acceptais de me laisser guider par cette puissance divine que nous appelons Dieu, la Source ou d'un autre nom selon les croyances. Comme Viktor Frankl, j'étais prête à écouter ce que la vie voulait faire en moi. Je ne serais plus celle qui tenterait en vain de tout contrôler, mais j'accepterais plutôt de lâcher du lest pour me permettre d'élargir mes horizons et d'accéder à un autre niveau de réalisation personnelle et professionnelle.

Pour me rappeler cette promesse, je fis le nécessaire pour adopter la grenouille lectrice. Encore aujourd'hui, je ne saurais dire si le propriétaire de l'auberge a cru avoir affaire à une folle, vu mon débit incontrôlé de paroles incompréhensibles pour tenter de lui expliquer la situation, mais je suis tout de même repartie avec ladite grenouille !

Sur le chemin du retour, avec la grenouille confortablement assise sur le siège passager de la voiture, une idée de programme commença à germer dans mon esprit... Peut-être était-ce ma nouvelle amie qui me soufflait à l'oreille ?

Le programme

« L'univers a l'intention de faire
quelque chose à travers vous. »

– Osho

En route vers la maison, je fis une halte pour luncher dans un joli restaurant de campagne. Le propriétaire de l'établissement, un bel homme d'un certain âge, m'accueillit ainsi :

« Bonjour ! Comment va votre vie aujourd'hui ? »

Quelle question ! Depuis quand aborde-t-on les inconnus de cette façon ?

Pendant que je me disais qu'il sortait vraiment de l'ordinaire, lui, il attendait ma réponse.

« C'est spécial que vous me posiez cette question.

— Pourquoi?

— Parce que je m'interroge justement sur mon existence ces jours-ci et on ne m'a encore jamais abordée de cette manière auparavant.

— Et la réponse est?

— Je pense que je suis en transformation. Ma vie va bien, mais je sens qu'elle pourrait aller mieux. J'ai souvent le sentiment d'un vide intérieur, comme s'il me manquait un élément, quelque chose que je n'aurais pas encore saisi.

— Se poser la question, c'est y répondre!

— Que voulez-vous dire?

— Si tout allait merveilleusement bien, si vous n'aviez pas à effectuer quelques changements ou à traverser une période d'évolution, vous ne vous poseriez pas de questions. Vous seriez bien tout simplement.

— Mais certaines personnes ne se posent pas tant de questions et elles semblent se contenter de ce qu'elles ont même si ce n'est pas le nirvana.

— Alors, c'est qu'elles ne sont pas prêtes à faire un bond d'évolution. Ça viendra peut-être un jour. Ou pas.

— Tout le monde souhaite évoluer, non?

— Pas nécessairement. Certaines personnes ont peur de leur propre lumière. Elles préfèrent rester dans l'ombre. Mais vous par contre, vous avez soif de connaissance et vous vous apprêtez à vous faire un cadeau, celui de l'ouverture de conscience. Rappelez-vous toutefois que l'on ne fait pas d'omelette sans casser des œufs. Tout est en équilibre sur cette terre.

— Vous me faites un peu peur, là...

— Admettons que vous soyez une athlète et que vous désiriez battre votre dernier record. Si vous continuez de faire ce que vous avez toujours fait, vous risquez d'obtenir les mêmes résultats. Mais si vous désirez vraiment aller plus loin de manière significative, vous devrez y mettre les efforts. Ce sera peut-être plus difficile, mais la récompense sera nettement supérieure. Il en va de même pour la vie en général. Si vous décidez de vous donner un second souffle, d'ouvrir votre conscience et de cheminer un peu plus loin sur le chemin, la vie vous apportera son lot de questionnements, de prises de conscience et d'expériences vous permettant de relever votre défi. D'ailleurs, que désirez-vous vraiment au bout de toute cette aventure?

— Sincèrement, je ne le savais pas trop jusqu'à tout récemment, mais j'ai l'impression qu'il se trame quelque chose. Disons qu'on m'envoie des indices... Et ils sont au nombre de trois.»

C'est ainsi que je lui racontai mon rêve et que je lui parlai des mots *sexy, zen et happy* que j'avais dû noter en pleine nuit.

«Impressionnant! On vous a livré une formule très actuelle pour représenter le but ultime de l'être humain, la tâche qui nous est demandée.

— Je me sens comme si j'étais sur le point de me remettre au monde. Ça brasse pas mal dans ma vie ces temps-ci. Autant cela peut sembler déstabilisant et inconfortable, autant je sens que c'est pour le mieux.

— Vous n'êtes pas la seule dans cette situation actuellement. Vous savez, lorsque nous naissons une première fois, nous nous séparons alors de la mère, celle qui nous a portés. Mais la deuxième naissance que vous sentez poindre, c'est différent. C'est l'union avec le père, la source divine en vous. On pourrait dire que vous portez en ce moment le nouveau-né du nouveau monde. Et si le retour du Christ n'était qu'une image pour représenter ce que porte en lui chaque être humain et qui doit être mis au monde?

— Ce n'est pas un peu fort comme théorie?

— Je n'affirme rien, je vous propose seulement une réflexion. Vous en faites ce que vous voulez. Une chose est sûre, vous avez amorcé une quête qui vous permettra de revenir à l'essentiel. Oui, vous avez raison de dire que vous vous apprêtez à renaître à vous-même. Et n'ayez crainte, vous êtes divinement guidée.»

Je n'ai presque rien mangé après cette brève discussion. Les idées se bousculaient dans ma tête. Alors que je m'apprêtais à quitter le restaurant, le monsieur me salua en me disant: «Bon voyage!» Toute quête peut effectivement être comparée à un voyage ou à une aventure, avec son lot de plaisirs, de difficultés et de surprises aussi.

Pendant l'heure de route qu'il me restait à faire pour me rendre à la maison, je commençai à échafauder mon programme. Selon la légende amérindienne, l'aigle avait régénéré son bec, ses griffes et ses plumes pour se donner un second souffle de vie. Je raviverais mon corps, mon cœur et mon esprit pour m'offrir une renaissance. Tel était le but ultime du programme *Sexy, zen et happy*.

À l'exemple de l'aigle dans la légende amérindienne, et parce que je croyais en la puissance du délai pour réaliser nos rêves, je m'octroyai 5 mois, soit 150 jours, pour réaliser mon programme. En voulant diviser mon objectif en plus petits segments, je me rendis compte que les 5 mois équivalaient à 21 semaines. Instinctivement, j'entrepris quelques recherches sur la signification du nombre 21.

On utilisait souvent ce nombre dans les projets. On disait d'ailleurs que ça prenait 21 jours pour développer une nouvelle habitude. En numérologie, on dit que le 21 est le nombre de la protection quasi divine. Il est une indication de chance, de protection, de réussite et d'inspiration créatrice. Ce nombre est aussi l'expression de l'équilibre et de l'harmonie. Il favorise le succès, le triomphe et l'épanouissement. Le 21 pousse généralement à vouloir s'élever et à rechercher une certaine plénitude.

Ça ne pouvait mieux concorder avec le programme. Chacune des 21 semaines présenterait une thématique susceptible de me faire évoluer, soit sur le plan du corps, du cœur ou de l'esprit. Pour approfondir le sujet de ma quête, je pris le temps de réfléchir à chacun des trois plans et à ce qu'ils représentaient pour moi.

Sexy allait de pair avec mon besoin de me sentir bien dans mon corps. Ça n'avait rien à voir avec la profondeur d'un décolleté ou avec quelque chose de sexuel, mais j'y voyais plutôt un lien étroit avec la confiance et cette élégance que dégagent les gens qui prennent soin d'eux, s'assument complètement et vivent joyeusement.

Pour être *zen*, j'avais l'intention d'intégrer davantage les principes de la pleine conscience dans mon quotidien pour trouver la paix de l'esprit, et accéder à un niveau supérieur de conscience. Par la bande, je désirais développer mon intuition et ma créativité. Je voulais m'ouvrir encore plus à la divine magie de la vie.

Enfin, *happy* se traduit par le bonheur, plus précisément le plaisir et la joie. Je souhaitais alléger mon cœur, m'amuser davantage, avoir des projets stimulants, des relations énergisantes, et vivre des moments de grâce.

Puis, à mesure que je réfléchissais à ce concept, il s'approfondissait. Devenir *sexy, zen et happy* signifiait également l'unification du corps, de l'esprit et du cœur. Le corps représentant la matière, on pouvait l'associer au conscient ou à la partie visible de l'être.

L'esprit, lui, représentait pour moi la partie invisible de notre être. C'est la partie divine en nous, celle qui se trouve dans l'amour pur et la lumière. Comme vous le découvrirez plus loin, on pouvait également l'appeler l'ange. Et nous pouvions l'associer à l'inconscient.

Quant au cœur, il était le siège de nos émotions. C'est celui qui nous permettait de ressentir les choses et de vibrer. Il pouvait s'avérer un outil formidable pour nous permettre de faire le pont entre notre corps et notre esprit. Grâce au cœur, nous pouvions mesurer l'acuité de notre alignement à l'esprit. Il reliait le visible à l'invisible, et on pouvait l'associer au subconscient.

Comme le disait le Mahatma Gandhi, je désirais incarner le changement que je voulais voir en ce monde. C'est pourquoi j'ai choisi d'entreprendre ce programme pour unifier mon corps, mon cœur et mon esprit dans le but de devenir *sexy, zen et happy*. Chemin faisant, j'espérais inspirer mon entourage à en faire autant. Et si le monde entier devenait *sexy, zen et happy*?

J'avais lu des tonnes de livres pour développer les facultés de mon esprit, cheminer sur la voie de la croissance personnelle et évoluer dans la conscience. J'avais suivi des cours sur ces sujets aussi. Je sentais que le temps était venu de suivre le conseil de Rabelais et d'en extraire la substantifique moelle.

Pour me motiver à amorcer le processus, je fis la liste des bénéfices liés au programme. Sachant qu'il mènerait à une élévation du niveau de conscience, je fis quelques recherches sur les possibles effets, et je découvris ceci :

- Les peurs s'estomperaient pour faire place à la foi et à la confiance.

- Nous ne serions plus tentés de juger parce que nous serions en mesure de comprendre et d'aimer davantage.

- Nous développerions notre compassion.

- Nous nous adapterions plus facilement au changement et à toute situation.

- Nous percevrions la coexistence de l'ombre et de la lumière.

- Nous deviendrions de formidables cocréateurs grâce à notre pouvoir de manifestation amplifié.

- Nous ne chercherions plus notre mission sur terre, nous saurions qu'elle en est une de service.

Si nous avions vraiment la possibilité de poursuivre l'ébauche de Dieu ou de la Source, en se créant sur la Terre, alors aussi bien en faire un chef-d'œuvre ! Et pour reprendre les sages paroles de John Ruskin : « L'art est beau quand la main, la tête et le cœur travaillent ensemble. » Ainsi s'accomplirait le programme pour devenir *sexy, zen et happy* !

« *Qui fait le programme ? L'Homme.*

Qui fait le plan ? Lui.

Si le programme est dans le plan :
c'est juste.

Si le programme est hors du plan :
c'est l'épreuve.

ET C'EST ENCORE LE PLAN. »

— *Extrait du livre César l'éclaireur par Bernard Montaud*

Semaine 1

L'équipe

« *Si tu veux aller vite, vas-y seul;*
mais si tu veux aller loin, vas-y avec les autres. »
– *Proverbe africain*

Lecture suggérée :
Trouvez votre voie dans un monde changeant
par Martha Beck, éditions Le Dauphin Blanc

Plusieurs auteurs et enseignants spirituels suggèrent qu'un grand nombre de personnes vivant actuellement en ce monde ressentent un vent de changement poindre à l'horizon. Ces individus ont plusieurs points en commun. Ils ont une grande ouverture spirituelle ainsi qu'une soif de connaissance et d'apprentissage associée à tout ce qui touche l'évolution de la conscience. Ils sont généralement très attirés par la nature, le règne végétal et animal. Souvent, on les qualifiera d'intuitifs ou de grands sensibles. On dira d'eux qu'ils ont la fibre artistique. Mais surtout, ces personnes ressentent qu'elles participent à une œuvre qui va au-delà de leur vie personnelle. Elles se sentent investies d'une mission particulière pour aider le monde dans son ensemble. Martha Beck les appelle les membres de la «Team». J'ai tenté de traduire le mot, mais je ne trouvais rien d'aussi fort et efficace en français. Alors, je l'ai conservé en lui attribuant l'acrostiche suivant :

Tous Ensemble pour l'Amour du Monde

J'ai longtemps pensé que j'étais anormale ou, le moins que l'on puisse dire, un brin excentrique… Quand j'étais petite, j'adorais aller me promener dans le petit bois derrière chez moi. Je bavardais avec les arbres et j'imaginais que de toutes petites fées y vivaient. Déjà, à ce jeune âge, je cherchais des moyens de communiquer avec le monde de l'invisible. Je supposais que nous n'étions pas seuls ici-bas. Longtemps, je n'ai eu que peu d'amis incarnés physiquement, mais une myriade d'amis imaginaires. Mon monde intérieur me paraissait beaucoup plus fascinant et, donc, je m'y réfugiais le plus souvent possible.

À l'école, je me souviens à quel point j'étais sensible et automatiquement attirée par ceux qui souffraient ou qui étaient simplement différents. Aujourd'hui, je comprends qu'ils me sécurisaient et me rassuraient. Grâce à eux, ma différence s'estompait et en eux, je trouvais une résonance.

Ce n'est qu'une fois adulte que j'ai commencé à rencontrer mes semblables. D'abord, la dépression m'a amenée à consulter en psychothérapie, ce qui m'a ouvert à un monde nouveau. Je dévorais tous les livres de développement personnel et de spiritualité. J'assistais à de nombreuses conférences et ces occasions m'amenaient à rencontrer plusieurs autres « spécimens » de ma race ! Avec grand bonheur, je me rendais compte que nous étions fort nombreux.

Nos semblables se présentent dans notre vie lorsque nous avons accepté d'être pleinement qui nous sommes. Tant que nous vivons dans l'ombre de notre véritable identité, personne ne peut la percevoir. Cela m'aura pris quarante ans pour enfin oser montrer réellement qui j'étais. Depuis, tout a changé. De nouvelles personnes sont apparues dans ma vie, des amitiés davantage axées sur l'authenticité se sont développées. Et il est amusant de constater à quel point cela crée un mélange hétéroclite de styles et de personnalités.

En cours de cheminement, j'ai eu quelques surprises aussi! Quand on ose être qui l'on est, on permet à d'autres d'en faire autant. C'est ainsi que j'ai su que des amis que je croyais très rationnels ne l'étaient pas tant que ça… Au sein de ma famille aussi, j'eus d'heureuses surprises.

Voilà peut-être ce qui est demandé aux membres de la «Team» aujourd'hui: oser assumer qui nous sommes vraiment pour inspirer les autres à en faire autant. Au moment où j'écris ces lignes, je vois l'image d'une multitude de petites lumières qui s'allument les unes après les autres…

Pour m'aider dans l'accomplissement de mon programme, j'ai choisi de me former une équipe. Pour cela, j'ai commencé par afficher mes couleurs. Je n'hésitai pas à me commettre publiquement en affirmant que je m'étais lancé un nouveau défi, celui de devenir *sexy, zen et happy*.

Je poussai même l'audace jusqu'à avouer mes intentions. Chaque fois que j'entreprenais quelque chose de nouveau dans ma vie, je me faisais un devoir de mettre par écrit ce que je souhaitais en retirer. La question débutait toujours par: «Pourquoi?» Dans ce cas-ci, je me demandai:

« Pourquoi je désire tant me donner ce second souffle?
Pourquoi devenir sexy, zen et happy? »

Voici mes réponses:

- Parce que je pressentais que nous étions à l'aube de quelque chose de nouveau et de grandiose…

- Parce que je croyais que l'humain était invité à dépasser ses limites, à sortir de son cocon pour déployer pleinement ses ailes…

- Parce que je voulais vieillir en beauté, en vitalité et en santé…

- Parce que je désirais être encore plus présente à ma vie, en savourer chaque moment…

- Parce que je souhaitais développer davantage mes capacités psychiques…

- Parce que j'étais curieuse de l'inconnu et de l'invisible…

- Parce qu'éventuellement, je souhaitais vivement former à nouveau une « équipe amoureuse »!...

Ouf! J'avais eu besoin d'une bonne dose de courage pour oser écrire la dernière phrase. Mais tel était mon désir aussi! Je souhaitais non pas « tomber » en amour, mais plutôt m'élever vers l'amour. Et en l'avouant à mon entourage, je remarquai que je n'étais pas la seule dans cette situation. En fait, il était étonnant de constater combien de femmes célibataires pensaient ainsi.

Peut-être était-ce l'occasion rêvée de nous appuyer entre femmes en devenant *sexy, zen et happy*? Le programme devenait une formidable occasion de se préparer à cet amour que nous espérions. En se nettoyant de nos souffrances, de nos lourdeurs et de tout ce qui nous empêchait de rayonner, nous avions la possibilité de rencontrer celui ou celle qui en aurait fait autant.

J'avais cette curieuse impression d'amorcer un cheminement qui m'aiderait à remplir mes vides à l'intérieur, ce qui augmenterait considérablement mes chances de rencontrer un être qui serait tout aussi complet. Ainsi, nous pourrions cheminer côte à côte dans une relation équilibrée et harmonieuse, et non dans une fusion malsaine. Exit l'époque des «douces moitiés». Je ne voulais plus être la moitié de personne, mais la totalité de moi-même en relation avec la globalité d'un autre!

À plus grande échelle, cette recherche d'absolu et de complétude nous aiderait à passer de la compétition à la coopération. Déjà, nous pouvions le ressentir dans différents domaines. Et nous serions tellement plus efficaces et puissants de cette façon car, comme le disait Confucius: «Le tout est plus grand que la somme des deux parties.» Lorsque deux personnes travaillent de concert, il y a ce que chacune des deux apporte à l'autre, mais il y a également une troisième entité qui se forme. Dans la tradition hermétiste, on parlait alors d'un égrégore qui représentait l'esprit du groupe, une entité psychique autonome ou une force produite par plusieurs individus unis dans un même but.

Voilà pourquoi je croyais qu'il me serait bénéfique de m'unir à d'autres pour amorcer le programme *Sexy, zen et happy*. Le fait d'afficher mes couleurs dès aujourd'hui et d'annoncer mon objectif me permettait d'identifier ceux et celles qui avaient le désir d'en faire autant.

Que nous nous joignions à un groupe ou à une seule autre personne, le fait de ne pas cheminer en solo nous aidait à demeurer motivés et à nous réaliser davantage. Mon équipe, formée de deux ou plusieurs personnes, m'offrait l'occasion d'échanger sur la thématique de la semaine et de développer le concept selon nos expériences respectives et notre façon de voir la vie.

Je souhaitais aussi choisir un parrain ou une marraine. Ça devait être quelqu'un qui m'aimait inconditionnellement, mais qui serait également capable de me ramener à l'ordre si nécessaire. À l'instar du « parrain » chez les Alcooliques anonymes (AA), cette personne serait là pour m'écouter au besoin ou pour m'aider à ne pas abandonner quand je ferais face à mes parts d'ombre. Ayant déjà eu l'occasion de faire ses preuves, Alexandre, mon petit frère, mais grand sage, joua ce rôle pour moi.

Après avoir quitté un petit ami, j'étais encline à me remettre en question. Chaque fois que cet ex-petit ami revenait à la charge et essayait de me reconquérir, j'avais tendance à ramollir un peu… Pourtant, je savais que ce n'était pas la solution, que cette union était vouée à l'échec. J'en avais même reçu l'avertissement en rêve. Alors, chaque fois (surtout le soir… davantage les week-ends…) que je sentais mes défenses faiblir, j'appelais mon frère. Je lui disais la vérité sur mes sentiments, je lui avouais ma fragilité, et toujours il m'encourageait. Il m'aidait surtout à voir clair. Ainsi, il m'évitait de retomber dans de vieux *patterns* qui ne me convenaient plus.

Faire le bilan de nos relations nous permet de déterminer celles qui nous nourrissent et qui nous stimulent. Qui étaient ces personnes pour vous? Parmi elles, lesquelles feraient partie de votre équipe *Sexy, zen et happy*?

Mon offrande de la semaine :

Note : On dit de l'offrande qu'elle est un don fait à une divinité pour l'honorer. Puisque je souhaitais être divinement accompagnée dans ce processus de métamorphose, j'eus l'idée d'une offrande hebdomadaire. Elle pourrait prendre différentes formes, mais chaque fois elle serait faite dans le but d'être au service de l'amour.

Cette semaine, j'ai envoyé de jolies cartes par la poste à des personnes qui font une différence positive dans ma vie. Ces gens faisaient partie de mon équipe de vie et je savais que leur présence serait précieuse dans mon projet *Sexy, zen et happy.*

Semaine 2

Le véhicule

« *Le corps est le temple de l'esprit.* »

— *Saint Paul*

Lectures suggérées :

Les Femmes, la Nourriture et Dieu
par Geneen Roth, éditions Un monde différent

Savourez ! par Thich Nhat Hanh et D^re Lilian Cheung,
éditions Le Dauphin Blanc

Nietzsche disait : « Je ne pourrais croire qu'à un Dieu qui saurait danser. » Si l'on considère que chaque être humain est constitué du divin, on accepte alors que l'esprit ait élu domicile dans le corps et donc, qu'ensemble, ils doivent collaborer. Il y a une belle analogie à faire entre la musique représentant l'esprit et le danseur représentant le corps. La vie sur terre pourrait également être comparée à une danse plus ou moins longue, parfois très rythmée, parfois toute en douceur... Pour bien vivre et percevoir les messages de l'esprit, le corps doit être en forme et prendre plaisir à se mouvoir au gré de son évolution terrestre.

Souvent, je commence mes conférences en faisant danser les gens présents. L'une des chorégraphies que j'affectionne est celle du *Cupid Shuffle*. Cette danse en quatre temps débute par un relâchement de toutes les parties du corps. On s'assure d'assouplir chaque membre et on se défait de toute rigidité en s'imaginant se délester de ses soucis par la même occasion. Puis, la danse s'effectue de manière plutôt structurée sauf le dernier mouvement, qui se veut un laisser-aller complet, une création unique du danseur, comme une extase. Chaque fois, les participants terminent cette courte danse dans un état de joie et de bien-être. Sans avoir à l'expliquer, je sais qu'ils comprennent alors la véritable signification de cet exercice.

On peut comparer le corps à un temple, c'est-à-dire ce lieu consacré au culte d'une divinité. Et qui est cet être divin à l'intérieur? Que nous l'appelions Dieu, Allah, Krishna ou Bouddha, il incarne pour soi le pouvoir suprême. Il s'agit de cette énergie du Grand Tout qui fait partie de nous. Friedrich Novalis disait qu'il n'y avait qu'un temple au monde et que c'était le corps humain. J'avais parfois tendance à oublier à quel point mon corps était précieux et digne de vénération.

Dans ce processus d'évolution et de changement, je me découvrais un intérêt grandissant pour tout ce qui avait trait au domaine spirituel. Ainsi, j'avais tendance à avoir le nez plongé dans mes livres pendant de longues heures et j'en oubliais de prendre soin de mon corps physique. J'en pris davantage conscience en constatant à quel point plusieurs clairvoyants ou personnes ayant grandement développé leur spiritualité ou leurs capacités psychiques avaient tendance à souffrir dans leur corps physique. Pour demeurer en équilibre, nous avions probablement intérêt à prendre soin de toutes les facettes de notre être, autant le psychique que le physique ou le spirituel. On pouvait même aller jusqu'à croire que pour développer les facultés de notre esprit, nous aurions besoin d'un corps physique dans sa pleine puissance.

Alors, je me suis d'abord observée. Comment je me sentais dans mon corps? Pas trop mal, aurais-je pu répondre, mais je savais qu'il y avait place à amélioration en commençant par mon alimentation. J'avais tendance à manger mes émotions et je trimballais un léger surplus de poids qui pouvait varier entre trois et cinq kilos. Je parvenais à relativement bien me nourrir, mais il y avait le problème des portions. Parfois, j'avais tendance à exagérer ou à trop grignoter… Il y a deux ans, j'avais découvert l'alimentation en pleine conscience et je sentis qu'il était temps de remettre cette saine habitude au programme.

Voici donc les étapes de l'alimentation en pleine conscience :

- D'abord, je mets la table avec amour. Peu importe le soir de la semaine, qu'il y ait ou non une occasion, je m'offre le plaisir visuel et sensitif d'un bouquet de fleurs ou de jolies chandelles.

- Je m'assois et je prends un moment pour me calmer en regardant mon assiette vide. Je ressens de la gratitude pour la nourriture qui y sera bientôt.

- Lorsque mon assiette est servie, je contemple la nourriture qui s'y trouve en me rappelant à quel point tout est interrelié. Je peux alors songer à tout le travail effectué pour que ces aliments parviennent jusqu'à mon assiette. Par exemple, avez-vous déjà songé au processus par lequel passe une tomate pour se rendre jusqu'à votre assiette ? De la personne qui la cueille à celle qui la véhicule et l'amène jusqu'à votre supermarché, il y a toute une série d'étapes et de soins nécessaires. Impressionnant quand on y pense. D'où l'importance d'apprécier sa dégustation...

- Je commence à manger en prenant une petite bouchée à la fois et en déposant mes ustensiles chaque fois. Je prends le temps de bien mastiquer pour goûter pleinement les aliments. Comme le conseille Thich Nhat Hanh, pour chaque bouchée, je peux offrir une petite prière. Par exemple, à la première je promets d'être dans la joie; avec la deuxième bouchée, je promets d'aider à diminuer la souffrance en moi et autour de moi. Je pourrais également promettre de faire ce qu'il faut pour me libérer, me détacher. Évidemment, cette portion s'exécute plus aisément en étant seul. Lorsque plusieurs personnes sont attablées avec vous, assurez-vous simplement d'entretenir des discussions positives et joyeuses plutôt que le contraire.

- Lorsque le repas est terminé et que mon assiette est vide, je prends le temps de remercier et je relaxe en profitant de la présence des autres convives ou, si je suis seule, j'en profite pour méditer dans la gratitude.

- Par la suite, si j'ai à faire la vaisselle, je le fais aussi en pleine conscience, dans le moment présent.

Je me rappelle encore ces moments où je prenais le thé pendant ma retraite de méditation à Vancouver. Malheureusement, mon mental avait alors tendance à s'encombrer d'une multitude de pensées et j'en oubliais de déguster consciemment mon thé. C'est à ce moment qu'un moine ou une moniale venait tout doucement me prendre le bras en me chuchotant : « *Drink your tea, my dear, just drink your tea* » (« Bois ton thé, ma chère, bois simplement ton thé »).

En m'alimentant de cette façon, je me suis rapidement aperçue que je mangeais moins. Le fait de ralentir la vitesse d'absorption des aliments permet de ressentir la satiété. Dans sa grande intelligence, le corps nous parle, mais nous devons prendre le temps de l'écouter en étant attentifs à nos ressentis. Plus encore, en pratiquant cette méthode, j'ai constaté que mes goûts s'affinaient. On aurait dit que mon corps me soufflait à l'oreille ce qu'il avait envie de manger. Je m'étonnais alors d'avoir moins de rage de sucre ou de sel, mais d'avoir plutôt subitement le goût de fruits ou de légumes frais.

Par la suite, j'en arrivai à l'exercice physique, ce sujet particulièrement non attrayant pour moi... Je me rappelais mes années d'école secondaire où j'étais toujours la dernière choisie pour former les équipes de ballon-chasseur. La vérité, c'est que j'avais une peur bleue de ce foutu ballon! Mes articulations hyper-flexibles me causaient fréquemment des blessures et, de toute façon, j'abhorrais toute forme de compétition, encore plus celle des sports. Je préférais ce qui était artistique et statique! Je n'ai d'ailleurs jamais terminé mon cours d'éducation physique en cinquième secondaire. Un jour, j'en ai eu assez et j'ai simplement jeté mon dossard par terre en tirant ma révérence. Combiné à mes piètres performances, cet acte irrévérencieux m'a valu un maigre 36 % comme note finale.

Mais j'étais une adulte maintenant et je pouvais certainement réintégrer l'exercice physique à mon quotidien. J'avais essayé maintes fois les centres d'entraînement et les cours de danse de tout genre, mais cela ne durait guère. Il me manquait souvent le courage de partir de la maison avec mon sac de sport...

Heureusement, j'avais appris à me connaître avec les années et je me savais plutôt casanière. Je fis donc l'acquisition d'un tapis roulant et le plus simplement du monde, je me mis à marcher d'abord puis à alterner course et marche à intervalles réguliers. Les jours où le temps était plus clément, je marchais à l'extérieur pendant une bonne heure. C'était le moment parfait pour contempler la nature, visualiser ou méditer sur ma vie.

Je suis allée marcher à différentes heures du jour, mais j'ai remarqué que la plus profitable pour moi était juste avant le repas du soir. Vous savez, ce moment où le soleil amorce tranquillement sa descente et où tout semble plus calme, comme en suspension avant le coucher du soleil. On dirait justement que le soleil jouit pleinement de ses derniers moments d'ensoleillement. C'est peut-être sa façon de nous envelopper gentiment comme dans un chaleureux câlin avant de nous dire : « À demain ! » Pas surprenant que l'on appelle ce moment du jour le *happy hour* !

Chemin faisant, je perdis les kilos en trop et je repris goût à l'exercice. Pour me remettre en forme, la formule était simple, il suffisait d'en retirer du plaisir et des bénéfices. Le succès résidait surtout dans la constance. Et ce qui est merveilleux, c'est que lorsqu'on commence à ressentir les bienfaits de quelque chose, on n'a qu'une envie, continuer !

Au terme de cette semaine d'alimentation en pleine conscience et de marche quotidienne, je pris la résolution de conserver ces bonnes habitudes pour toute la durée du programme et plus encore. Toutefois, pour ne pas me mettre une pression indue, mon objectif consistait à manger le plus souvent possible en pleine conscience et à marcher ou courir au minimum quatre fois par semaine. S'il m'arrivait de déroger à ma règle, j'agirais comme une meilleure amie à mon égard en ne culpabilisant pas impunément, mais plutôt en me rappelant gentiment à l'ordre.

Alors que je m'apprêtais à entreprendre la prochaine étape de mon programme, j'entendis cette phrase fétiche dans ma tête :

« Ladies and gentlemen, start your engines ! »

(« Mesdames et messieurs, actionnez vos moteurs ! »)

En effet, le temps était venu d'allumer les moteurs et de remettre le véhicule en bon état de marche. Ainsi, la route serait plus agréable !

Mon offrande de la semaine :

C'est en marchant que l'on découvre davantage son voisinage. J'en profitais donc pour sourire à tous les gens que je croisais. Puis, après les avoir dépassés, je les bénissais intérieurement en leur souhaitant paix et bonheur. Mon sourire demeurait alors bien présent jusqu'à la prochaine rencontre !

Semaine 3

La libération

« *Moins tu auras de nécessités, plus tu auras de liberté.* »

— *Proverbe français*

Lecture suggérée :
L'Art de l'essentiel
par Dominique Loreau, éditions Flammarion

La perte de quelques kilos et la mise en forme nous assurent un bien-être physique et nous permettent de nous sentir sexy à nouveau, mais seulement en partie. Pour un changement en profondeur et plus de satisfaction, il faut non seulement nous défaire de nos surplus graisseux, mais surtout de tout ce qui nous encombre, qu'il s'agisse d'objets matériels, de pensées négatives, de fausses croyances ou de couches de souffrance…

Comme tout est lié en ce monde, peu importe l'endroit où vous commencez, vous cheminerez. En faisant du ménage dans le matériel, on est souvent inspiré à poursuivre dans le non-matériel. En perdant les kilos en trop, on souhaite faire le grand ménage non seulement de sa garde-robe, mais de sa vie tout entière. Et en se libérant de couches de souffrance, on risque de poursuivre en prenant davantage soin de notre corps physique. La vie est bien faite, non?

Lorsque je suis redevenue officiellement célibataire, j'ai mis ma maison en vente. Avec ses six chambres, ses deux garages et les deux mille huit cents mètres carrés de terrain qui l'entouraient, elle était devenue un fardeau. Seule, je ne parvenais pas à prendre soin de tout cela. Bien que j'aie donné d'autres vocations à quelques-unes des chambres, je me sentais encore plus triste et seule dans cet espace devenu trop vaste.

Un jour, alors que je m'apprêtais à sortir pour un important rendez-vous, le téléphone sonna. C'était David, mon courtier immobilier. Il venait de recevoir une offre d'achat pour ma maison.

« Allo David ! As-tu une bonne nouvelle pour moi ?

— Bien sûr ! Tu n'auras même pas à planter ton saint Joseph ! »

J'avais entendu dire qu'une statuette de saint Joseph plantée la tête en bas au pied de la pancarte « à vendre » de la maison accélérait le processus. J'avais acheté la statuette depuis quelques jours déjà, mais je ne parvenais pas à la planter. Je me demandais si ce n'était pas un sacrilège... Or, la veille j'avais eu l'idée de la mettre dans un sac Ziploc pour la protéger de la terre et des insectes. Depuis, elle attendait sagement près de la porte et cela avait bien fait rire David lorsqu'il était passé la veille pour une visite.

« Alors, ils offrent combien ?

— Avant de te parler du montant, j'ai une question pour toi. Es-tu bien attachée à tes affaires, Christine ?

— Qu'est-ce que cette question ? Que veux-tu dire ?

— Écoute... Les acheteurs potentiels veulent tout ce qui se trouve dans la maison. Bien entendu, tu pourras conserver tes effets personnels.

— ...

— Christine, es-tu toujours là ?

— Oui, oui, je suis sous le choc… Quand doit-on leur répondre ?

— Dans quarante-huit heures. Dors là-dessus et je te rappelle demain soir.

— OK. Merci, David ! »

La vie a parfois le don de nous tester. Parmi tous les principes enseignés par le biais de mes conférences, celui que j'affectionnais particulièrement consistait à se libérer par le désencombrement de notre existence. On commençait par le matériel en éliminant le surplus ou tout ce que nous ne trouvons plus ni beau ni utile. Puis, on cheminait vers le non-matériel en réglant nos conflits, en apprenant à pardonner et surtout à faire ce qu'il faut pour s'alléger le corps et l'esprit.

Combien de fois avais-je fait rire les participants en leur donnant des exemples relatifs à cette panoplie d'objets que nous accumulions au fil du temps et qui finissaient tous par prendre la poussière. Pour moi, désencombrer équivalait à faire de la place pour le mieux. C'était assurément la première étape vers un changement bénéfique.

David m'avait demandé si j'étais attachée à mes affaires et cette question était demeurée en suspens dans mon esprit. Sans s'en rendre compte, les gens nous servent souvent de belles leçons de vie. Ce n'était pas le fait de posséder du matériel qui était problématique, mais bien l'attachement à tout ce matériel. L'attachement, qu'il soit envers des objets ou des êtres humains, occasionnait lourdeur et résistance. Tout nous était prêté en quelque sorte, rien ne devait être tenu pour acquis. En vivant dans le détachement, nous entretenions davantage la gratitude.

Eh bien, madame venait d'être servie! On me permettait de tester mes beaux principes… Me départir de tout ce que je possédais n'était pas une mince affaire, mais ma petite voix me disait que cela faisait partie de mon processus de transformation… Et j'entendais la voix de l'astrologue qui m'avait donné cet avertissement à la fin de la consultation :

> « Christine, si vous voulez que cette transition qui s'en vient pour vous se fasse sans heurt, ne luttez pas pour conserver quoi que ce soit. Laissez mourir ce qui doit mourir. Surfez sur la vague, c'est le meilleur conseil que je puisse vous donner! »

Se libérer, ne pas lutter, laisser aller… J'avais l'impression d'appliquer cela dans ma vie, mais on aurait dit qu'un effort supplémentaire m'était demandé. Et si j'étais totalement honnête avec moi-même, je devais avouer qu'effectivement, j'avais accumulé quelques lourdeurs dont je devais me dépouiller…

L'effondrement subit d'un pan de ma vie professionnelle était le pas fait par la vie pour me montrer le chemin. Je devais faire le suivant. C'était comme si l'enseignement qui prônait de faire un premier pas pour que la vie nous vienne en aide pour le deuxième s'inversait. J'étais une grande fille maintenant! La vie m'offrait de nouvelles possibilités et il n'en tenait qu'à moi d'embarquer la première dans l'aventure!

Dans le domaine de l'électricité, on dit que la résistance est l'aptitude d'un matériau conducteur à ralentir le passage du courant électrique. Ainsi, une ampoule de 100 watts éclairera davantage parce qu'elle aura moins de résistance que celle de 40 watts. Le parallèle était plutôt évident... Pour que l'humain rayonne davantage, il lui fallait diminuer la résistance.

Je fis donc la liste de tout ce qui était devenu trop lourd dans ma vie. Je conservais des relations qui siphonnaient mon énergie, j'avais tendance à jouer la «trop fine» pour ne pas déplaire. Je me laissais distraire, déranger et surtout dévier de ma voie.

C'est lorsque j'en vins à mes croyances que l'exercice se corsa. J'avais le pressentiment qu'il me fallait vraiment accepter de tout lâcher d'une certaine façon.

Il était plutôt difficile de s'ouvrir à un nouveau monde de possibilités si l'on croyait justement que certaines choses étaient impossibles ! J'allais donc signer un nouveau contrat avec la vie. J'acceptais d'entrer dans la danse, mais totalement. Je me départirais de TOUT ce qui me bloquait l'accès à plus ou à mieux. Un extraordinaire sentiment de libération et de puissance se faisait déjà sentir. Parlez-moi d'un objectif qui sort de l'ordinaire et qui mène à l'extraordinaire !

Dans un éclair de conscience, je compris soudainement le message. La vie m'offrait cette chance de renouveau dont j'avais grandement besoin. J'allais repartir à neuf ! Je rappelai le courtier immobilier le lendemain matin pour lui dire que j'étais prête à signer l'offre d'achat. Je leur laissais tout.

«C'est génial, Christine. Je te félicite !

— L'avenir nous dira ce qui en est...

— Avant notre rendez-vous pour la signature, j'aimerais que tu réfléchisses à un autre détail… Les acheteurs aimeraient une prise de possession le 19 décembre.

— Mais nous sommes déjà à la fin octobre. Ça ne me laisse pas beaucoup de temps…

— Eh bien justement, tu n'en as pas besoin, tu n'as rien à emballer sauf tes effets personnels. Ce sera vite fait, non ? »

David me convainquit d'accepter en jouant sur ma sensibilité. Il s'agissait d'une jeune famille reconstituée avec deux jeunes enfants. Ils avaient envie de fêter Noël dans un lieu de villégiature. J'acceptai donc sans même savoir où je logerais à compter du 19 décembre. J'avais laissé entendre à David que ce pourrait être une belle occasion d'aller passer quelques semaines au chaud, en Floride peut-être ?

J'avais toujours imaginé que si un jour, je gagnais un gros montant à la loterie, je partirais dans le Sud pour quelques semaines, afin de planifier ma nouvelle vie. Je n'avais pas remporté le gros lot (ou peut-être que si, d'une certaine façon…), mais je sentais que je faisais face à la même situation, comme si ma vie s'apprêtait à prendre une nouvelle tournure…

Mon offrande de la semaine :

J'écrivis une lettre de gratitude pour chacun de mes ex. De cette façon, je neutralisais les effets négatifs de ces séparations en mettant l'accent sur ce que ces relations m'avaient apporté de positif. Grâce à chacun de ces hommes, j'étais devenue celle que j'étais. Ils m'avaient tous permis d'évoluer chacun à leur façon et, pour cela, ils avaient toute ma reconnaissance. Je n'envoyai pas ces lettres. Le fait de les rédiger avec cœur et en pleine conscience était amplement suffisant.

Semaine 4

Les miracles

« *Un miracle, c'est un événement qui crée la foi.* »

– *George Bernard Shaw*

Lecture suggérée :
La Divine Matrice
par Gregg Braden, éditions Ariane

On dit que le vide tend à se remplir. Si nous pouvions en être plus conscients, nous saurions que l'espace que l'on crée en se libérant de ce qui nous alourdit ou nous entrave constitue une formidable ouverture pour les miracles. Encore faut-il demeurer fort et confiant tout au long du processus.

Après la vente de ma maison tout inclus, j'avais lancé un appel à tous. Plusieurs personnes de mon entourage possédaient de l'immobilier en Floride. Je leur avais envoyé ma petite annonce. Je désirais louer un appartement ou une maison en Floride pour un mois dans le temps des fêtes. Je souhaitais être proche d'un plan d'eau; l'océan, un lac ou même un étang ferait l'affaire. J'imaginais un endroit épuré. Je rêvais d'un espace où le blanc et les tons pastel seraient à l'honneur. J'avais besoin de légèreté pour mettre la touche finale à mon « opération libération » !

Les jours suivants, je dus faire face à ceux que j'appelle les « briseurs de rêve »... La majorité me disait qu'il était impensable de trouver un espace à louer en Floride à si brève échéance et pendant la période des fêtes de surcroît. Selon eux, je devais me faire à l'idée et changer mes plans. Je demandais carrément l'impossible !

Ad impossibilia nemoi tenetur ! Peut-être qu'à l'impossible nul n'était tenu... sauf moi, aurais-je pu ajouter. J'adorais démontrer que tout est souvent plus possible qu'on ne le croit…

Et la vie me donna raison, car quelques jours plus tard, je reçus un courriel qui était la preuve flagrante que les miracles existaient et que nos demandes étaient toujours répondues. C'est nous qui trop souvent avons du mal à permettre la réception. Encore une fois, nous résistons peut-être? Pourquoi avons-nous tant de difficulté à recevoir? Il est certain que si au départ j'avais cru les briseurs de rêve et changé mes plans, rien de ce que je m'apprête à vous raconter ne serait arrivé.

Quelques jours après avoir passé ma commande, je reçus un courriel d'un ami m'annonçant qu'il m'avait déniché LA maison de rêve pour mon séjour. Il s'agissait en effet d'une maison située à Golden Beach, chic quartier près de Sunny Isles Beach, dans la région nord de Miami. La maison possédait cinq chambres et cinq salles de bain, et elle donnait directement sur l'océan. Une piscine creusée et un spa permettaient de relaxer en écoutant le clapotis des vagues tout près.

Cette luxueuse résidence évaluée à près de dix millions de dollars appartenait à un ami milliardaire de mon ami, qui acceptait de me la prêter gratuitement pour toute la durée de mon séjour. Il avait horreur de savoir ses résidences vides trop longtemps. Une panoplie de photos me la montrait, au bas du courriel. Vous connaissez l'expression «trop beau pour être vrai»? Je l'avoue, j'y ai pensé… Nous sommes bien mal programmés parfois…

D'ailleurs, lorsque j'ai commencé à parler de cette formidable opportunité à mon entourage, je dus faire face à toutes sortes de commentaires. Ils ne le disaient pas toujours, mais je les sentais inquiets pour moi. Certains auraient souhaité que j'aie une vie plus « normale ». Mais voilà que la vie, justement (ou moi-même par mes pensées, mes actes et mes choix), en avait décidé autrement. Et j'étais bien décidée à ne plus me laisser décourager ou influencer négativement.

Le moment le plus cocasse fut le questionnaire en règle de la part d'une copine qui voulait tellement me protéger. Elle se prenait souvent pour ma mère…

« Qui est cet homme qui te prête cette maison ?

— Je ne le connais pas. C'est un ami d'un ami.

— Et tu ne trouves pas cela bizarre qu'il accepte de te prêter un palace de 10 millions de dollars ?

— Il est généreux, c'est tout. Et mon ami dit que ça lui rend service parce qu'il n'aime pas que sa maison demeure inhabitée trop longtemps.

— Moi, je pense qu'il va te demander quelque chose en échange. C'est trop beau cette histoire et ça la rend louche.

— Eh bien, c'est peut-être l'homme de ma vie qui m'attend dans ce palace ? Si c'est le cas, je paierai en nature ! »

Oh… là, elle était complètement offusquée. Elle me trouvait insouciante et imprudente. Moi, j'y prenais goût ! Mais j'avoue que les jours suivants, il m'arriva d'imaginer un gros individu bedonnant se présentant nu à ma porte, convaincu que j'accepterais ses avances en échange de sa location immobilière. Ah l'imagination !

Après vérification auprès de mon génial ami, je compris que l'offre était bien réelle et je m'empressai de dire oui à ce cadeau de la vie merveilleusement emballé !

Ce n'est qu'une fois rendue sur place, allongée dans mon lit le premier soir, que j'ai pris conscience de ce qui s'était produit. Si j'avais écouté tous ceux qui me conseillaient d'oublier mon projet qui leur semblait trop beau pour être possible, si j'avais laissé les peurs m'envahir en doutant de l'offre qui m'était faite, jamais je ne me serais retrouvée dans cette luxueuse résidence de Golden Beach.

Pour que les miracles se produisent, il faut accepter de jouer le jeu de la vie, voire consentir à danser avec elle. Ainsi, on ouvre une brèche sur une autre dimension de l'existence. On se retrouve alors sur la ligne très mince entre l'impossible et le possible. C'est la porte d'entrée de la zone miraculeuse. C'est la zone tampon entre le monde visible que nous appelons réalité et le monde invisible.

Pour entrer dans la zone miraculeuse, il nous faut développer la souplesse. Pour que les choses changent, il faut parfois accepter de se départir de plusieurs croyances erronées. Et si c'était cela, le paradis ? C'était le champ de tous les possibles, l'accès à un monde absolument magique ! Telle était la promesse inscrite sur le petit carton retrouvé sur le comptoir de la cuisine à mon arrivée à la maison de Golden Beach :

Bienvenue au paradis, Christine !

J'espère que vous vous plairez ici.

Felicia viendra vous rencontrer dès demain matin.

Elle s'occupe du bon fonctionnement de la maison et elle pourra répondre à vos questions et à vos désirs.

J'ai laissé du vin et du champagne au froid pour vous.

Une nouvelle vie qui commence, ça se célèbre, non?

Soyez heureuse et amusez-vous!

Momo

C'est effectivement ce que je fis. Pendant plus de trois semaines, je m'amusai comme une enfant à profiter de tout ce luxe qui m'était gracieusement offert. En vivant dans cette maison et en profitant de toutes ses commodités, je me rappelais que rien n'était impossible ou inaccessible. Nous avions le pouvoir de choisir nos expériences. Depuis ce temps, je conserve chez moi des produits de la gamme *Jo Malone*, les préférés de Momo. Chaque fois que je les utilise, je me retrouve automatiquement dans la maison de Golden Beach et je me dis que tout est plus possible qu'on tend à le croire!

Dans son livre *Un retour à l'Amour*, Marianne Williamson suggère que le miracle se produit lorsque nous changeons notre perception et passons de la peur à l'amour. Nous avons tous des rêves que nous souhaitons matérialiser depuis longtemps, mais qui tardent à se manifester. Pourquoi? Trop souvent, nous manquons de foi. Nous vivons dans une boîte, dans un cadre restreint qui devient une véritable prison à la longue…

Pour créer le nouveau monde dans lequel nous aimerions vivre, il nous faudra apprendre à porter un regard nouveau sur tout ce qui nous entoure. Parfois, je m'amuse à m'imaginer toute neuve, comme si je redécouvrais la vie pour la première fois. Le film de Coline Serreau *La Belle Verte*, très avant-gardiste pour son temps (1996), illustre parfaitement cet état. Vous pourrez le voir facilement sur Internet.

Aujourd'hui, j'adopte cet état d'ouverture en visionnant des documentaires sur des sujets qui sortent de l'ordinaire. Je me nourris d'histoires qui paraissent impossibles pour la plupart, mais qui se déroulent actuellement en ce monde. J'enlève mes œillères et j'accepte d'être totalement ouverte (j'applique ma formule magique : *Christine, ouvre-toi !*) et de percevoir les choses autrement. Alors, de véritables miracles ont tendance à se produire…

Mon offrande de la semaine :

J'ai organisé un *Miracle Party*. Pendant la soirée, chaque invité devait raconter une histoire improbable et extraordinaire qui lui était arrivée. Chacun avait également le mandat de nous proposer un livre, un film ou un résultat de recherche prouvant que les miracles étaient possibles.

Semaine 5

La maison

« *Le résultat ultime de toutes nos ambitions,
c'est d'être heureux à la maison.* »

Samuel Johnson

Lecture suggérée:
Happier at Home
par Gretchen Rubin, Doubleday Canada

Au retour de la Floride, je m'installai dans la maison d'un couple d'amis qui, eux, resteraient en Floride trois autres mois. Cela me donnerait le temps d'acheter une maison à mon goût. Leur demeure, perchée en hauteur, offrait une vue époustouflante sur le fleuve Saint-Laurent. J'y avais réinventé le rituel du *happy hour*. Chaque soir, vers 17 h, je m'installais dans l'un des confortables fauteuils de la véranda et j'admirais le paysage en remerciant pour toutes ces beautés. J'aurais pu rebaptiser ce moment la *gratitude hour* (heure de gratitude).

Par contre, le fait de ne pas être dans mes affaires me dérangeait. Je cherchais ardemment une maison pour enfin recréer un chez-moi. Un jour, j'ai eu un coup de cœur pour une maison en flanc de montagne avec vue partielle sur un lac. Mon offre d'achat ayant été acceptée, j'avais commencé à décorer la maison dans mon esprit. Je souhaitais créer un décor confortable et tout en douceur. J'avais choisi de jolies chaises de style bistro pour le comptoir de la cuisine et de gros fauteuils blancs moelleux avec des poufs pour le salon.

Toutefois, une bien mauvaise nouvelle m'attendait après l'inspection immobilière. Tout le système électrique était désuet, même dangereux. Pour remédier à la situation, il fallait ouvrir les murs et remplacer tout le câblage électrique. C'était trop pour moi. Je sentis une lourdeur m'envahir et je décidai de ne pas donner suite. Je ne comprenais pas trop pourquoi cela arrivait. Le délai prévu pour me trouver une nouvelle habitation s'amenuisait et je commençais à angoisser. J'essayais de me convaincre qu'il y avait sûrement mieux pour moi, que j'avais été protégée… Je revenais alors à la maison de mes amis et je poursuivais mon rituel de gratitude en admirant l'étendue de verdure devant moi et cette vue magnifique sur l'eau.

Depuis longtemps, je rêvais de vivre dans la nature, au bord de l'eau. J'étais continuellement attirée par ce genre d'environnement et curieusement, il m'arrivait de plus en plus souvent de me retrouver chez des amis bénéficiant de ce type de décor extérieur. Chaque fois, je me disais que c'était possible pour moi aussi. Je me gavais alors de toute cette beauté et je remerciais de me permettre d'en profiter, même si ce n'était que temporaire.

S'il était vrai que ce que nous recherchions nous cherchait aussi, je faisais de mon mieux pour hausser mon taux vibratoire (en demeurant dans la joie) et je disais mentalement à ma future maison : « Montre-toi à moi. » J'aimais croire que nous pouvions en quelque sorte « adopter » aussi du matériel. Puisque tout était constitué d'énergie, il m'était sûrement possible de me connecter à cette maison tant désirée pour ainsi provoquer la rencontre.

Quelques semaines avant que mes amis reviennent de la Floride, alors que j'étais pratiquement au bord de la panique immobilière, une amie me parla de l'une de ses amies qui avait acheté un chalet en décrépitude et l'avait complètement rénové pour en faire une petite maison de style Cape Cod. Elle avait l'intention d'aller habiter cette coquette maison lorsque ses trois grandes filles auraient quitté le nid familial. Pour les quelques années d'ici là, elle la mettrait en location.

Lorsque j'arrivai à la maison, l'extérieur n'était pas tout à fait terminé et elle me sembla vraiment minuscule. Il me fallait toutefois admettre qu'elle se trouvait dans un endroit de rêve, au bord d'un petit lac entouré de montagnes.

En pénétrant dans la maison, je sus immédiatement que je m'y installerais. La maison était complètement meublée et j'y aperçus les mêmes petites chaises bistro et les gros fauteuils blancs avec poufs que j'avais choisis pour l'autre résidence décorée dans mon esprit. J'y vis un signe. En plus, comme j'avais vendu tous mes meubles avec ma maison, quoi de mieux pour l'instant que d'en louer une entièrement meublée ?

Cette séquence immobilière m'a fait faire une autre prise de conscience. Je croyais qu'il m'était impossible de vivre ailleurs que dans MA maison, dans MES affaires. Aujourd'hui, je comprends que cette croyance bloquait la manifestation de l'un de mes rêves les plus chers.

En accueillant ce que la vie m'offrait et en acceptant de changer ma façon de penser et de vivre, j'ai pu enfin m'installer dans la nature, au bord de l'eau. Encore aujourd'hui, pas une seule journée ne passe sans que je m'émerveille de la beauté environnante. Mon cœur déborde de gratitude pour cette fabuleuse attraction !

Je sais que c'est temporaire, mais je me dis que c'est probablement la meilleure chose qui pouvait m'arriver. Je suis en période de profonde transformation et cette petite habitation me donne un répit en attendant d'acheter. Je sais qu'au moment propice, mes choix seront différents, plus en accord avec mon essence.

On m'a déjà dit que la maison était un second miroir pour l'être humain, après celui de l'amoureux ou l'amoureuse. Comme j'étais célibataire, ça s'appliquait parfaitement à mon cas. Il est vrai que très souvent, les maisons parlent de leurs habitants. Pour les couples, la maison représente la somme des deux parties. Elle est ce que chacun voudra bien montrer de lui-même en cohérence avec l'autre.

Thich Nhat Hanh utilise plusieurs expressions liées à la maison. Il compare l'habitation immobilière à celle qu'est notre corps pour notre esprit. Il suggère de rentrer à la maison, de ramener notre esprit dans notre corps (« *Bring your mind home in your body* »). Alors que j'étais en semaine de méditation avec lui, je répétais souvent cette phrase pour calmer mon mental : « Je suis arrivée, je suis à la maison. » Je sais maintenant que peu importe où je me trouve sur la Terre, peu importe où je vis et dans quelles conditions, je peux me sentir à la maison. Ma véritable maison, elle est mobile et elle transporte mon esprit.

Cette expérience vécue me rappelait à quel point rien n'était permanent dans la vie. Je voyais que c'était en apprenant à se détacher et en demeurant flexible que nous permettions à la vie de nous offrir ses plus beaux cadeaux.

J'avais l'impression d'avoir accompli un pas de géant en matière de lâcher-prise. Mais vous savez ce que l'on dit ? C'est souvent lorsque l'on croit avoir atteint un certain niveau de réussite ou d'évolution que l'on aperçoit le prochain palier. Le grand poète

Thomas Stearns Eliot a écrit : « Ce qu'on appelle le début est souvent la fin, et la fin est le début de quelque chose d'autre. La fin est un premier pas dans une autre direction. » C'est parfois lorsque l'on se sent le plus en sécurité qu'on l'est le moins… Les apparences sont souvent trompeuses. Voilà pourquoi l'humain doit apprendre à sortir de sa zone de confort et à aimer le changement. C'est à ce moment qu'il pourra vraiment donner le meilleur de lui-même.

Ces premières semaines de cheminement m'ont appris à me laisser davantage porter par mes intuitions et mes inspirations. C'est ainsi qu'un dimanche après-midi, je visionnai (pour une énième fois !) le film *Le Magicien d'Oz*. Si vous l'avez déjà vu, peut-être vous souvenez-vous de la tornade du début qui propulse la maison, avec Dorothée et son petit chien Toto à l'intérieur, dans l'une des contrées du pays d'Oz. La maison est en piteux état, mais Dorothée et Toto s'en sortent indemnes et ils amorcent alors leur périple sur le chemin de briques jaunes, pour aller à la rencontre du magicien, à la Cité d'Émeraude.

En chemin, ils rencontrent l'épouvantail en manque de cerveau, l'homme de fer-blanc privé de cœur et le lion sans courage. À la fin de l'histoire, l'homme qui se faisait passer pour le magicien leur apprend qu'ils possèdent déjà tout ce qui paraissait leur manquer, que tout se trouve à l'intérieur d'eux-mêmes. De la même façon, Dorothée a depuis le début la capacité de rentrer chez elle, mais il fallait qu'elle le découvre par elle-même.

Il y a certainement une analogie à faire avec la vraie demeure qui se trouve à l'intérieur de chacun de nous et la possibilité de s'y réfugier comme bon nous semble. Ce chemin de retour vers soi représentait la voie de l'éveil illustré dans *Le Magicien d'Oz* par la route de briques jaunes. Pour ce qui est des trois personnages, ne symboliseraient-ils pas l'unification de l'esprit (l'épouvantail), du cœur (homme de fer-blanc) et du corps (lion)? Et enfin, quand on sait que l'émeraude est associée à l'immortalité, on comprend aisément le but de la quête…

Dans cette quête d'immortalité, l'être humain cherche à se sentir vivant. Ce n'est pas tant la durée qui compte, que l'intensité de l'expérience. Dans son livre intitulé *Puissance du mythe*, Joseph Campbell l'exprime ainsi :

« Certains pensent que nous cherchons avant tout à donner un sens à notre vie. Je ne crois pas que là réside notre quête. Je crois plutôt que nous voulons nous sentir vivants. Nous voulons goûter, une fois au moins, la plénitude de cette expérience de façon que tout ce que nous vivons sur le plan physique éveille un écho au plus profond de notre être, de notre réalité intime. Ainsi, nous pourrons véritablement faire l'expérience de cette sensation extatique : être vivants. »

On qualifiera ces moments où l'on se sent pleinement vivant, d'instants d'éternité parce que le temps semblera justement ne plus exister.

Mon offrande de la semaine :

J'ai fait le tour de ma maison en observant ce qui était à réparer, nettoyer ou améliorer. Par la suite, j'ai entrepris les actions nécessaires pour faire de ma maison un havre de paix et d'amour. Tout au long du processus, je me suis rappelé que ce que je faisais à l'extérieur aurait ses répercussions à l'intérieur…

Semaine 6

La floraison

« *L'émotion positive est plus qu'une sensation agréable :
c'est le signal de la croissance, de l'accumulation
du capital psychologique.*

— *Martin E. P. Seligman*

Lecture suggérée :
S'épanouir
par Martin Seligman, éditions Belfond

Avant de fleurir, la fleur doit d'abord être plantée dans un sol d'où elle puisera les nutriments nécessaires à sa croissance. Et si l'humain ayant bien solidifié sa maison (celle plus spirituelle abritant son esprit ou celle matériellement constituée) était davantage en mesure de s'épanouir ?

Selon le Dr Martin Seligman, que l'on qualifie de père de la psychologie positive, à l'instar des fleurs, nous devons également permettre à notre être de fleurir. À la base de ce fleurissement, il faut découvrir qui nous sommes vraiment.

Nous nous définissons souvent par nos différents rôles dans la vie. Nous dirons que nous sommes mère, épouse, fille de... Pire encore, nous nous identifions à notre travail. À ce propos, j'ai remarqué une différence notable entre les Québécois et les Français. Au Québec, on dit : « Je *suis* médecin, avocate, secrétaire, enseignante, etc. » Nos amis français, eux, disent plutôt : « Je *fais* médecin, avocate, etc. » Effectivement, notre travail se situe dans le *faire* et non dans l'*être*. Nous devrions nous mettre à parler un peu plus à la française !

Plus nous apprenons à nous connaître, plus nous parvenons à nous connecter à notre essence. Notre essence, c'est le cœur de notre être. On pourrait la comparer à la petite poupée russe à l'intérieur de toutes les autres. Vous savez, celle qui est tout à fait pleine ?

J'aime à penser que notre essence est remplie de la Source ou de Dieu.

Lorsque j'ai appris cette théorie de l'être humain qui doit fleurir, je m'achetais chaque semaine des fleurs fraîches simplement pour les observer ouvrir leurs pétales. Il est fascinant d'observer la rose alors qu'elle n'est encore qu'un petit bouton, puis de la voir tranquillement déployer chacun de ses pétales avec un synchronisme parfait. Elle s'ouvre toujours de plus en plus en puisant l'eau à la base de ses racines et la lumière à sa cime. J'y ai vu une superbe analogie avec l'être humain. Nous avons besoin d'être solidement ancrés sur la terre et de nourrir notre corps pour pouvoir également accéder au monde spirituel représenté par la lumière.

Par extension, on pourrait même dire que le spirituel est soutenu par le matériel. Plusieurs personnes ont du mal à entretenir leurs rêves matériels. Elles redoutent le jugement de leurs semblables et pensent qu'il est mauvais de désirer du matériel. Je vois les choses autrement… Nous vivons dans un monde d'expansion; donc, plus nous comblons nos besoins matériels, plus nous nous apercevons qu'il y a plus que cela. Mais en cours de route, nous avons appris à manifester. Ce pouvoir de manifestation décuplé, mis au service du beau, du bon et du bien, entraînera de formidables créations pour un monde meilleur.

La plupart des gens qui ont réalisé leurs rêves et acquis de grandes fortunes en viennent automatiquement à redonner. Pensons à Bill Gates et à Warren Buffett, qui ont démarré en 2010 le mouvement The Giving Pledge – qui se traduit par «promesse de don» ou « l'engagement à donner ». Cette initiative vise à inciter les personnes et les familles les plus riches des États-Unis à offrir une partie de leurs millions ou milliards à des organisations philanthropiques. Ils sont déjà plusieurs à avoir donné au moins la moitié de leur richesse à des œuvres caritatives.

Mais revenons donc à la rose ! Du point de vue symbolique, elle représente l'Univers. À mes yeux du moins. Elle peut aussi nous brancher sur la roue de fortune. Dans le tarot divinatoire, la Roue de Fortune représente les forces du changement qui permettent de révéler notre but dans la vie. Puisque tout ce qui est en haut est comme ce qui est en bas, plus l'être humain fleurira, plus l'Univers entier produira ses fleurs, qui deviendront des fruits. Les bouddhistes disent que c'est normal parce que tout est interrelié. Tout est dans tout !

Dans ce cheminement pour apprendre à me connaître et à laisser fleurir mon être, je nous ai imaginés comme dans une spirale. Plus nous vivons au cœur de la spirale, connectés à notre être et donc à la Source, plus nous manifestons rapidement et aisément les désirs de notre cœur. On pourrait dire que nous sommes alors parfaitement bien alignés.

Toujours dans le domaine de la psychologie positive, le grand psychologue hongrois Mihaly Csikszentmihalyi a proposé sa théorie du *Flow*. Selon lui, les individus sont plus heureux lorsqu'ils sont dans un état de concentration ou d'absorption complète dans une activité. Dans la pratique d'une activité qui nous passionne, il arrive que nous perdions même la notion du temps. Nous sommes alors complètement immergés dans un état de béatitude, que je nomme le « courant de la grâce ».

Avec toutes ces théories suivant lesquelles le temps est une illusion et seul le moment présent existe, nous comprenons que l'état de *flow* nous mette en «hyper-présence», d'une certaine façon. Pour un lien plus clair avec la notion de floraison chez l'être humain, nous pouvons référer au mot *flower* (fleur) en constatant que nous sommes des *flow-ers* d'énergie. L'objet de nos désirs ou de notre attention, ce qui nous passionne et nous fait vibrer, nous fait également fleurir en nous permettant de transporter l'énergie de la création. En entrant dans ce courant de la grâce et cet instant d'hyper-présence, nous touchons aussi à ce qu'on appelle l'éternité...

Dans le film américain *La Légende de Bagger Vance*[3], il y a une séquence où le jeune joueur de golf se fait enseigner le «swing authentique». On lui suggère de voir le chemin pour exécuter le coup en parfaite harmonie avec lui. La théorie du *flow* stipule que l'on trouve ce que l'on cherche parce que ce que l'on cherche nous cherche aussi. Il suffit donc de libérer le chemin pour permettre d'être rejoint. Tout cela passe par le ressenti au lieu de se produire dans la tête. Si nous apprenions à moins réfléchir et davantage ressentir, nous serions divinement guidés.

Lorsque nous avons l'impression que la vie nous met des bâtons dans les roues, que nous nous sentons fatigués et démotivés, se pourrait-il que nous nous trouvions très éloignés du centre de la spirale? Serions-nous alors davantage dans le paraître? Ou devrais-je écrire «para-être», *para* signifiant «à côté de».

---

3. Réalisé par Robert Redford, sorti en 2000, et basé sur un livre de Steven Pressfield, écrit en 1995.

D'ailleurs, *para* peut aussi évoquer une «protection contre», comme dans les mots *paravent* et *parasol*. Nous agissons parfois comme un parent protecteur en nous gardant éloignés de notre centre. Pourquoi ferions-nous cela? Pour les mêmes raisons que les parents qui découragent leurs enfants accrochés à un rêve. La réalité semble souvent plus sécurisante, même s'il s'agit d'un malheur devenu confortable, et même si une occasion de bonheur beaucoup plus grand s'offre à nous. Peut-être est-ce comparable au phénomène de la gravité qui tend à nous garder au sol ou à la base, au même endroit. L'élévation fait peur…

Pourtant, c'est ce que la vie nous demande en ce moment. Plusieurs le ressentent et le confirment, nous sommes en transition vers une nouvelle dimension. Nous sommes en train de nous transmuter et, pour cela, nous devons nous délester de toutes nos vieilles structures. Un nouveau monde est à bâtir et il faut créer l'ouverture, lui donner de l'espace et préparer le terrain.

Souvent, nous nous retrouvons à côté de notre essence parce que nous avons accumulé des blessures et des lourdeurs de vie. Nous avons fabriqué des couches de protection. Et cette protection indue crée de la résistance, qui nous bloque ou du moins nous ralentit. Il est très facile de savoir si nous sommes au centre de la spirale ou dans ses rayons plus éloignés. La joie en est le meilleur indicateur. Elle nous confirme que nous sommes dans le courant de la grâce et sur notre chemin, le bon. À l'inverse, la souffrance nous indique un désalignement. Guérir et en tirer les leçons appropriées permettent de nous réjouir à nouveau.

Ihaleakala Hew Len, coauteur du livre *Zéro limite :
Le programme secret hawaïen pour l'abondance, la
santé, la paix et plus encore*, affirme ceci : « Les humains
peuvent vivre de deux façons : à partir de leurs condi-
tionnements (émotions, croyances, pensées, règles
sociales, etc.) ou à partir de l'inspiration divine. »

Vivre selon l'inspiration divine est la meilleure
façon de fleurir. Tout est prêt pour la floraison. Cela se
fait naturellement et sans effort. Avez-vous déjà vu une
fleur se forcer à fleurir ? De la même manière, le bouton
de rose ne se demande pas s'il deviendra une rose, une
marguerite ou une pivoine. Il connaît son essence et il
suit le courant en déployant ses pétales.

Mon offrande de la semaine :

Je suis allée offrir un bouquet de fleurs à une amie
qui vivait des moments difficiles en lui rappelant
qu'elle était comme une fleur. Je lui ai suggéré, plutôt
que de se laisser faner ou de laisser les autres la détruire,
d'assumer la pleine responsabilité de sa floraison. Et je
lui ai offert de lui servir de tutrice pour un temps, non
pas en la laissant s'accrocher à moi, mais en l'aidant à
s'élever avec moi.

Semaine 7

La vérité

« Vingt ans est l'âge de l'illusion.
Quarante ans, l'âge de la vérité.
Non seulement des vérités découlant de la vie,
mais surtout de la vérité de ce qu'on est. »

— *Paul Perreault*

Lecture suggérée :
La Rose retrouvée
par Serdar Özkan, éditions Le Livre de Poche

La connexion du corps, du cœur et de l'esprit ne tolère pas l'imitation ou la fausseté. Plus j'avançais dans mon programme, plus je recherchais l'authenticité autant chez moi que chez les autres. La vérité amène un grand sentiment de liberté et elle aide à la floraison de l'être.

Je connais un homme qui a soumis des membres de son entourage aux pires atrocités. Souvent ivre, il perdait le contrôle et devenait alors très violent. Après plusieurs années de sobriété, cet homme racontait qu'il avait été un bon père pour ses enfants, qu'il avait pris soin d'eux avec amour. Pour soulager sa conscience et parvenir à vivre avec son passé, il se racontait des histoires et il se croyait. En vivant ainsi dans le mensonge depuis de nombreuses années, il aurait été bien difficile de savoir qui il était vraiment…

Combien de fois sommes-nous floués ainsi par les apparences ? Lorsque j'ai compris que la réalité n'était pas toujours celle que l'on voyait, je me suis mise à rechercher la vérité.

En étant totalement vrai envers soi et devant les autres, on vit dans la légèreté. Car qu'y a-t-il de plus lourd à porter que le poids des mensonges ? À force de jouer différents personnages et de porter des masques, on finit par ne plus très bien savoir qui se cache derrière. Pire encore, on se trompe de scénario et on n'arrive plus à suivre l'histoire…

À une amie qui avait un conflit à régler avec un membre de sa famille et qui me demandait comment elle devrait s'y prendre ou ce qu'elle devrait dire, je répondis : « Sois qui tu es. Dis la vérité. Partage tes sentiments véritables. Et fais cela avec ton cœur. » N'essayons pas d'être gentils, mais soyons vrais, dirait l'auteur Thomas d'Ansembourg.

Dans bien des cas, nous avons été éduqués en développant un sentiment de honte. On nous disait qu'il n'était pas bien d'avoir tel type de pensées ou que de faire telle chose était mal, que nous serions punis. Selon la religion à laquelle vous adhérez, vous avez peut-être même été menacé de brûler en enfer. Toute cette pression et ces peurs ont fait de nous de véritables caméléons. Nous sommes passés maîtres dans l'art de la dissimulation ou des faux-semblants. Certains croient qu'il y a quelque chose à leur propos qu'il ne faut surtout pas que l'on voie ou que l'on sache. « Qu'est-ce que ça peut ben faire ? » comme dirait l'auteur-compositeur-interprète Jean-Pierre Ferland.

Dans *La Preuve du paradis: Voyage d'un neuro-chirurgien dans l'après-vie…*, le Dr Eben Alexander a traduit, en langage terrestre, les trois parties du message reçu de son ange :

> « *Tu es aimé et chéri, totalement, pour toujours.*
>
> *Il n'y a rien dont tu doives avoir peur.*
>
> *Il n'y a rien que tu puisses faire mal.* »

Plutôt que de penser qu'il faut se cacher, que nous ne sommes pas assez bien ou que nous sommes indignes d'être aimés, nous devrions nous rappeler ce message…

Peut-être avez-vous déjà entendu parler de cette technique du regard fixe, ou *gaze* en anglais ? Des maîtres spirituels soutiennent le regard des gens placés devant eux en suggérant un échange d'énergie de guérison. Certains seront tentés de ridiculiser le phénomène, mais pour ma part, j'y ai vu le criant désir des êtres humains d'être vus. On voudrait tellement parfois se faire dire qu'on est correct et que tout va bien. Vous pourriez pratiquer cet exercice du regard fixe en vous regardant dans le miroir. Essayez de vous regarder dans les yeux pendant quelques minutes en étant rempli d'amour pour la merveilleuse personne que vous êtes. Il ne vous est nullement demandé d'être parfait. Au contraire ! Il suffit d'apprendre à s'accepter tel que nous sommes pour stimuler l'amour de soi.

Pour ma part, j'ai choisi d'avoir le courage d'être vulnérable. J'apprends à accepter et même aimer mes imperfections. Je me donne le bénéfice du doute, la gentillesse d'une meilleure amie qui croit en moi et m'aime telle que je suis. C'est de cette forme de courage que j'ai besoin quand je donne des conférences ou réalise une entrevue à la télévision avec une personne qui a plus de métier que moi. Je me souviens alors d'être simplement moi-même, authentique et vulnérable. C'est toujours dans ce temps-là que je m'amuse le plus !

En étudiant les relations humaines, Brene Brown, professeure à l'Université de Houston, a découvert le grand pouvoir de la vulnérabilité. Dans son exposé dans Ted.com, elle explique que le mot *courage* vient du mot latin « cor », qui signifie « cœur ». Être vulnérable implique d'avoir le courage d'être vu tel que nous sommes vraiment au risque de déplaire, même si nous sortons du rang ou de la norme. Car, comme on le demandait dans le film *Forrest Gump* (1994), que signifiait vraiment « être normal » ? Relatif en effet !...

Pourquoi entretenons-nous ce besoin d'être normal, conforme ou « correct » ? Il me semble que la variété de nos vérités est bien plus jolie et plus amusante ! Brene Brown dit que ce qui nous rend vulnérables nous rend beaux. Alors, soyons prêts à abandonner qui nous croyons que nous devrions être pour devenir ce que nous sommes vraiment. Si chacun de nous se met à vivre ainsi, cela changera complètement notre manière d'être en relation. Dès le départ, nous saurons à qui nous avons affaire. Cela nous évitera bien de mauvaises surprises...

La vie sera d'autant plus intéressante et plaisante, selon Brene Brown, car en tentant d'anesthésier notre vulnérabilité, nous anesthésions aussi la joie, la gratitude et le bonheur. Encore une fois, tout étant relié, nous ne pouvons anesthésier certaines émotions et non les autres. Nous sommes ici pour en vivre toute la gamme !

En étant vrai, nous serons plus en mesure de prendre notre part de responsabilité. Plutôt que d'essayer de nous défendre ou de nous disculper, nous dirons « je suis désolé » et nous ferons alors le nécessaire pour régler la situation. Ainsi, nous arrêterons de nous raconter des chimères et nous commencerons à vivre et apprécier notre histoire, la vraie.

Mon offrande de la semaine :

Pour chaque demande qui m'est adressée, j'apprends à m'allouer un temps de pause avant de donner ma réponse. J'utilise ce moment pour me poser la question suivante : *En vérité, est-ce que j'ai le goût de faire ça ?* La première réponse qui vient est toujours la bonne. Même si elle surprend parfois…

Semaine 8

La connexion

« Le XXIe siècle sera spirituel ou ne sera pas. »

– André Malraux

Lecture suggérée :
L'Incontestable Pouvoir de la grâce
par Cheryl Richardson, éditions AdA

Ma vérité étant plus spirituelle que je n'osais le montrer, j'ai cru bon de trouver des modèles inspirants pour m'accompagner virtuellement dans la révélation de mon être véritable.

Comme par hasard, je tombai sur l'annonce d'une journée avec Oprah Winfrey et son équipe dans un magazine. Je m'en fis cadeau pour m'encourager à poursuivre mon programme. Le 20 octobre 2012, je faisais la file avec plus de cinq mille autres personnes pour entrer au Convention Center de Los Angeles, où j'allais enfin rencontrer mon idole. J'étais obnubilée à la pensée d'entendre les sages paroles de la grande dame de la télévision, mais c'était sans savoir qu'une surprise m'attendait…

Il existe un courant magique, divin et gracieux dans la vie qui nous pousse vers certaines personnes ou certains événements pour nous permettre d'ouvrir notre conscience. Ces moments représentent pour moi des rendez-vous avec notre âme. Nous pensons savoir pourquoi nous sommes à tel endroit ou pourquoi nous faisons telle activité, mais il s'agit parfois de ruses divines pour nous amener vers une forme d'épiphanie. C'est ce qui m'est arrivé à Los Angeles ce jour-là !

La conférence d'Oprah était prévue pour la toute fin de la journée. Nous n'avions pas encore aperçu la diva du jour, mais nous avions bénéficié des enseignements du Dr Phil, de Suze Orman et de plusieurs autres sur différents sujets touchant au développement personnel. Après le dîner, je me dirigeai à nouveau vers l'une des salles de conférence pour entendre cette fois Martha Beck. Je la savais coach de vie et chroniqueuse dans le magazine d'Oprah, sans plus.

Lorsqu'elle se présenta sur scène, je découvris une petite femme plutôt frêle avec une présence hors du commun. Pendant une heure, elle nous fit rire et pleurer en nous racontant quelques anecdotes de sa vie, mais toujours dans le but de nous inspirer à voir au-delà de notre réalité actuelle. Tout doucement, elle nous ouvrait les portes du monde de l'invisible... Comme l'a dit Monte Wildhorn, le personnage de Morgan Freeman dans le film *Un été magique* (2012), elle nous induisait à chercher ce qui n'était pas là, à nous connecter à cette puissance qui nous englobait et dont nous étions issus. Elle n'avait pas peur de parler des expériences mystiques qu'elle avait effectuées pour vivre plus connectée à la Source. Elle affirmait que la magie opérait davantage en entretenant un état de quiétude et de silence. La porte de la zone miraculeuse se situait au-delà des mots.

Martha Beck est profondément spirituelle. Elle l'assume tout à fait et s'amuse même à l'affirmer haut et fort. À la fin de son allocution, j'étais debout à applaudir comme une otarie et à pleurer comme une Madeleine, mais avec le plus grand des sourires au visage. Cette femme m'avait profondément touchée. Elle avait ouvert en moi une brèche que je tentais désespérément de refermer depuis quelques années...

Je baigne dans un univers plutôt spirituel depuis la tendre enfance. Ma grand-mère maternelle a été la première à m'enseigner les rudiments de cette façon de voir la vie. À l'époque, je l'accompagnais à l'église de temps à autre. J'aimais ce moment de recueillement où j'avais l'impression d'aller dire bonjour à un être fabuleux, plus grand que nature, majestueux et magique.

J'espérais développer une relation intime avec Lui. Je voulais qu'Il sache que j'étais là, complètement réceptive à ce qu'Il pourrait me transmettre. Je souhaitais grandir à son image. Je désirais ardemment devenir bonne et faire une différence positive en ce monde.

Mamie Yvette me racontait des histoires d'anges, elle m'apprenait à m'émerveiller même devant l'infiniment petit, car, disait-elle, le divin était en tout. Cette philosophie transcendante me comblait de béatitude. Je m'amusais alors à parler aux fées et à m'inventer un monde magique où tout était possible. Mais ça, c'était avant l'âge de raison. Vous vous doutez sans doute de la suite…

Nous sommes plusieurs à avoir mis la magie de côté pour devenir humainement rationnels et écouter la voix de la raison plutôt que celle du cœur. J'ai fini par croire que tout cela était pure invention, que la vraie vie se déroulait dans le concret et la matérialité. Il fallait arrêter de croire à ces affabulations et voir la réalité en face.

C'est ainsi que j'entrai dans le monde de l'ego et de la compétition. Je fis des études en droit, tentai de plaire à tout le monde, de prouver ma valeur pour terminer cette course folle et complètement dénaturée par une dépression majeure. Le choc avait été puissant, assez pour me permettre de réfléchir et d'apporter d'importants changements dans ma vie. C'est ainsi que j'appris à mieux me connaître et, surtout, que je trouvai enfin ce que j'étais venue faire sur la Terre. Je me passionnais pour la lecture et plus particulièrement lorsqu'elle était liée au développement personnel et à la spiritualité. J'adorais apprendre, expérimenter et retransmettre. Avec mon talent de communicatrice, je venais de tracer la ligne directrice de ma mission de vie. Ce que je fis jusqu'à tout récemment, jusqu'à ce que le tapis soit secoué à nouveau, jusqu'à cet effondrement non prémédité, mais inconsciemment souhaité...

On ne sait jamais ce que sera l'élément déclencheur d'une transformation. Dans mon cas, je serai éternellement reconnaissante à Martha Beck d'avoir joué ce rôle pour moi. À la sortie de sa conférence, quand mon amie me demanda ce qui me mettait dans un tel état, je lui répondis :

« Je viens de vivre un éveil. J'ai l'impression que mon âme a manigancé ce scénario pour m'amener à une prise de conscience. Je suis profondément spirituelle comme Martha Beck et ça fait trop longtemps que je n'ose assumer pleinement ce côté de moi. C'est terminé maintenant. On dirait même que les dernières couches de souffrance qui me gardaient prisonnière du désir de plaire viennent de sauter ! Aujourd'hui, je me fais une promesse et un cadeau : dorénavant, je me permettrai d'être ce que je suis autant dans ma vie personnelle que professionnelle ! »

Je ne peux vous expliquer la sensation ressentie à ce moment précis, mais c'était un véritable délice des dieux. Je savais surtout que c'était un moment décisif dans ma vie. Cette journée était symbolique. Nous allions peut-être vivre cette bascule à des moments différents et sous d'autres formes, mais pour qu'un monde nouveau soit créé, chaque humain devait renaître à sa nature profonde et cela passait parfois par une connexion spirituelle ou devrais-je dire à une reconnexion avec notre essence pure et divine !

Il nous arrive fréquemment de ressentir la connexion. On peut alors sentir un lien très fort s'établir rapidement. Pour les êtres humains, on dira qu'on a l'impression de se connaître depuis longtemps. Pour les animaux, on sera profondément touché par leur présence comme si, immédiatement, on était rempli d'amour inconditionnel pour eux. On dira d'une œuvre d'art qu'elle nous fait vibrer, on aura un coup de cœur pour un objet. Ces doux sentiments éprouvés sont vraisemblablement le signe d'une reconnaissance. Les êtres, animaux, végétaux et objets ne sont pas placés sur notre route par hasard. Ils nous permettent de mieux nous connaître pour ainsi nous éveiller (parfois nous réveiller !) à ce que nous sommes vraiment.

Toutes ces connexions à l'extérieur de soi se produisaient pour nous guider tranquillement vers la connexion ultime, celle à venir à l'intérieur de soi. Mais je commençai à percevoir la magnificence et la vastitude de mon être lorsque je fis la connaissance de l'ange…

Mon offrande de la semaine :

Je suis allée prier dans une église près de chez moi pour Lui rappeler que je croyais toujours en Lui, que même si je n'avais pas concrètement répondu à l'appel lorsque j'étais plus jeune, je le ferais autrement aujourd'hui. Mais enfin, j'oserais assumer ma spiritualité en respectant les croyances de chacun, mais en n'annihilant pas les miennes non plus.

Semaine 9

L'ange

« Le silence est parole. »

– Dialogues avec l'ange

Lecture suggérée :
Dialogues avec l'ange,
propos recueillis par Gitta Mallasz,
éditions Aubier Montaigne

Lors d'un salon sur le mieux-être, un homme m'avait remis un documentaire sur DVD en me disant qu'il croyait que le sujet m'intéresserait vivement, qu'il avait senti que je devais le visionner. Le film est demeuré sur une tablette de mon bureau pendant plusieurs mois avant que je m'y intéresse. Sur la couverture, on y voyait de jeunes gens en temps de guerre et cette image ne m'inspirait pas beaucoup.

Un jour, en faisant du ménage dans mon bureau et en classant mes affaires, je suis retombée sur le DVD avec la carte professionnelle de l'homme qui me l'avait remis. Il était professeur à l'Université Laval. Je me demandais quel était son lien avec ce film. Puis, en faisant des recherches sur Internet, je découvris « par hasard » un article sur Juliette Binoche qui parlait également de ce sujet. J'appris qu'à l'origine de ce documentaire existait un livre intitulé *Dialogues avec l'ange*. Juliette Binoche confiait que les « dialogues avec l'ange » lui étaient d'une aide constante.

Alors, j'ai compris le message et j'ai visionné le documentaire. Bien après le générique de la fin, j'étais encore assise dans mon fauteuil à réfléchir à cette histoire et à en mesurer l'impact. C'était à la fois simple et grandiose !

Dans le temps de la guerre, quatre jeunes adultes vivant sous le même toit se posaient des questions sur le sens de la vie. Puis, un jour, l'une des quatre a dit:

«Attention, ce n'est plus moi qui parle.» Et c'est ainsi que s'amorcèrent les dialogues avec l'ange de chacun d'entre eux. Vous aurez compris que l'ange réfère ici à la partie divine à l'intérieur de nous, à celle qui est directement connectée à la Source. Nous pourrions l'appeler le grand Soi ou l'Esprit. On pourrait croire que l'on vit à deux niveaux (et peut-être même plus!) à la fois. Il y a l'être de chair physiquement incarné dans la matière et l'être de lumière qui est notre part spirituelle.

Les *Dialogues avec l'ange* proposent une réunion de ces deux parties de soi.

On peut y lire ceci: «À la place de la lumière sans corps et du corps sans lumière, le nouveau, les deux amants unis.» Voici d'ailleurs comment Gitta Mallasz, la scribe parmi le groupe de quatre[4] présenté plus haut, décrit l'ange pour elle:

«L'ange pour moi est ma moitié vivifiante et moi je suis sa moitié vivifiée.

Il est ma préfiguration dans l'invisible et moi je suis sa figuration dans le visible.

Il est mon pareil intemporel et moi je suis son pareil limité dans le temps.

Il est mon complément intuitif dans l'esprit et moi je suis son complément exécutif dans la matière.

Il est mon corps de lumière et moi je suis son corps de matière.»

---

4.   Groupe complété par Lili Strautsz, Hanna Dallos et son mari, Joseph Kreutzer.

Cette découverte m'a profondément émue et a transformé ma vie. J'avais essayé de toutes sortes de manières de recevoir de la guidance de mes anges gardiens ou de mes guides spirituels et cela ne fonctionnait que sporadiquement. Alors je demeurais avec cette impression de manque.

Toute-petite, grâce à ma grand-mère maternelle et à sa dévotion, j'avais développé mon intérêt pour la spiritualité. J'admirais secrètement ceux qui osaient affirmer leurs croyances en ce sens. Entendre parler de Dieu, de la Vierge Marie, des anges, des saints et de tout ce monde céleste m'apaisait et me faisait le plus grand bien. Je sentais depuis les dernières années que mon canal intuitif s'ouvrait de plus en plus. Il m'arrivait de recevoir des messages ou des prémonitions. Une partie de moi semblait vouloir établir la connexion, mais je dois avouer que les transes et les canalisations me faisaient un peu peur… Chaque fois que j'y assistais, j'étais en proie à des sentiments contradictoires. Autant je pouvais douter du processus et de son intermédiaire, autant je désirais y croire. Alors dans le but de m'aider à approfondir ma foi, je recherchais une méthode simple et en douceur pour développer les facultés de mon esprit. Les *Dialogues avec l'ange* m'ont offert ce formidable cadeau.

Si vous choisissez d'étudier plus en profondeur cette histoire et la méthode qui en découle, vous apprendrez à poser des « questions en vérité » à votre ange. Ce sont les vraies questions, celles qui amènent les réponses qui vous aideront à évoluer. En plus des questions à poser, il vous faudra par la suite faire silence pour entendre les réponses… Enfin, selon les réponses reçues, vous serez invité à agir pour poursuivre votre cheminement.

Je l'ai souvent dit, je suis mon propre laboratoire humain; j'adore apprendre et gober de l'information pour ensuite tester les principes dans ma vie. De plus, comme je n'aime pas trop suivre les règles, je le fais à ma façon. Je glane des informations ici et là, et je concocte ma propre recette qui pourra changer au fil du temps et des événements.

J'ai établi le contact avec mon ange en lui posant des questions ou simplement parfois par l'intention. Je m'en suis fait un ami, un allié en acceptant de collaborer davantage avec lui. Tiens, et si c'était lui qui m'avait livré le programme *Sexy, zen et happy*?

Pour me rapprocher de lui, je me suis fait un point d'honneur de méditer tous les jours. Au fil du temps, j'ai varié les façons de faire pour éviter la routine et découvrir ce qui me convenait le mieux. Parfois, je suis demeurée dans le silence total et parfois aussi, je méditais au son de la musique. Le CD de méditation *Je suis ce que je suis* du Dr Wayne W. Dyer et de James W. Twyman a produit de formidables résultats pour moi. Sinon, j'ai bien aimé cette lettre d'amour à Dieu mise en musique par Prana et Krishna Das intitulée *Devi Puja* (album *Om Yoga Mix 2*). La méditation peut revêtir plusieurs formes et il suffit de trouver celle qui nous sied le mieux.

Aujourd'hui, j'ai trouvé ma pratique idéale qui consiste à méditer une demi-heure le matin au réveil et une demi-heure en fin de journée. J'utilise le mantra de mon son primordial reçu lors d'une formation donnée par le Chopra Center. Il s'agit du son vibré par l'univers au moment exact de ma naissance. Si vous désirez recevoir le vôtre et apprendre cette technique, je vous invite à visiter www.choprateachers.com pour trouver un enseignant près de chez vous. Avant chaque méditation, je prends trois grandes respirations et j'émets une intention. Il m'arrive aussi de répondre aux quatre questions enseignées par Deepak Chopra :

— Qui suis-je ?

— Qu'est-ce que je veux ?

— Quel est mon dharma ou ma mission ? Pourquoi suis-je ici ?

— Pourquoi ai-je de la gratitude ?

Je laisse alors les réponses venir, sans forcer, en demeurant simplement présente et à l'écoute.

Un autre bon moyen d'amplifier la présence consiste à développer le concept « Je te vois » inspiré par la salutation *namasté* et le film *Avatar* (lire à ce sujet *Encore plus belle, la vie !* publié aux éditions Un monde différent). En Inde et au Népal (ailleurs aussi !), on utilise le *namasté* pour saluer afin de rendre grâce aux personnes que l'on rencontre. On pourrait traduire le geste des deux mains (paume contre paume) par « je salue le divin en toi ». Il s'agit d'une admirable utilisation de la pleine conscience (*mindfulness*) qui nous permet de nous arrêter et d'observer en recherchant le beau, en percevant le divin en tout. Dans le film *Avatar* (2009), les personnages se saluent en disant « Je te vois », ce qui signifie sensiblement la même chose.

Pour une meilleure application de ce concept, j'en ai fait un nouvel exercice de méditation. Vivant maintenant dans la nature, je ne cesse de m'émerveiller de ce qui m'entoure. Toutefois, comme je suis également fort occupée par périodes, je sais que j'ai besoin de retrouver mon équilibre et qu'il vaut toujours mieux avoir quelques outils efficaces dans mon coffre aux trésors !

Pour tester cette idée, il suffit de regarder les beautés autour de vous (êtres humains, animaux, végétaux, objets, etc.) en vous disant mentalement « Je te vois. » Cette forme de méditation active peut s'effectuer en tout temps, au quotidien.

Pour me permettre de relaxer davantage, il m'arrive de m'installer confortablement à l'extérieur pour observer tout ce qui m'entoure. Pour chaque chose qui capte mon attention, je dis : « Je te vois. » Comme nous avons tendance à devenir ce que l'on contemple, gageons que nous deviendrons de plus en plus rayonnants et lumineux à mesure que nous prendrons le temps d'observer la beauté environnante…

En cultivant le calme et le silence au quotidien, mon canal intuitif s'est ouvert et j'ai commencé à recevoir de la guidance sous différentes formes. Je me suis aperçue que plus j'osais vivre selon ma vérité et plus je me libérais de mes résistances, plus les ondes semblaient claires et limpides. Évidemment, cette ouverture du canal de transmission pourra vous apporter son lot de surprises, comme ce fut le cas lors de ma rencontre avec Juliette !

Mon offrande de la semaine :

À plusieurs reprises, dans diverses circonstances, j'invitais mon ange à m'accompagner. Chaque fois, je le sentais m'inspirer une certaine façon d'être et d'agir davantage en concordance avec mon âme. Toujours à ce moment- là, je savais qu'il était au rendez-vous !

Semaine 10

La communication

« Écrire, c'est le bonheur de n'être plus soi.
C'est le bonheur de donner vie aussi. »

– *Eric-Emmanuel Schmitt*

Lecture suggérée :
Anna et Mister God
par Fynn (Sydney Hopkins), éditions du Seuil

Ça faisait longtemps que Juliette semblait vouloir établir le contact avec moi. À une certaine époque, je rencontrais sans cesse un nombre impressionnant d'humains (et de chiens !) nommés Juliette. Je voyais ce prénom partout.

Il y a plusieurs années, j'ai cru qu'elle était mon enfant à naître, mais ce ne fut pas le cas. Par la suite, ne comprenant pas vraiment le sens de ses messages, j'ai tenté de l'oublier.

Puis, en entrant dans un magasin un jour, quelle ne fut pas ma surprise de voir cette immense affiche sur laquelle était écrit en grosses lettres : « JULIETTE HAS A GUN ». Je ne savais pas qu'il s'agissait d'une marque de parfum, mais je fus prise d'un fou rire en lisant ces mots. Il n'y avait pas à dire, Juliette faisait tout pour se faire sentir !

Après avoir découvert les *Dialogues avec l'ange*, j'ai commencé l'écriture inspirée. Et c'est à ce moment que j'ai enfin établi la communication avec Juliette. En fait, je lui ai demandé qui elle était. Voici ce qu'elle m'a répondu :

Bonjour Christine ! Enfin, te voilà !

Nous sommes ensemble depuis fort longtemps, tu sais… Je n'ai rien oublié, moi… Je suis ta mémoire vivante. Je t'accompagne dans ton incarnation. J'aide à mettre en œuvre ton contrat.

Je sais que tu vis des blocages en ce moment, mais c'est un passage, une renaissance en fait. Le passage est étroit, je sais... Mais la lumière est au bout et tu es presque arrivée. Encore un peu de patience... Poursuis la méditation. C'est ce qui ouvre le plus ton canal et qui nous permet de communiquer.

Tes idées se bousculent actuellement à l'image d'une préparation pour gâteau qu'on brasse et qui ne semble être rien d'autre qu'un mélange de plusieurs ingrédients... Une texture douteuse même. Mais au bout de la cuisson, il y a un gâteau! Magnifique et délicieux. Tellement de choses fonctionnent de cette façon dans la vie. N'as-tu pas remarqué?

Donnons-nous rendez-vous tous les jours. Amène-moi partout avec toi! C'est une façon de parler parce que je suis toujours là, mais si tu développes la conscience que j'y suis, nos communications se feront plus aisément avec plus d'acuité, de fluidité et de rapidité.

Tu comprends à présent qu'il faut essayer plusieurs choses parfois avant de trouver la bonne façon pour soi. Tout est si relatif. C'est la beauté de la vie, le mélange des possibilités. C'est ce qui fait vibrer et ultimement évoluer. Tu croyais qu'il te fallait tenir un journal papier d'écriture inspirée et voilà que tu te rends compte que le clavier est beaucoup plus approprié. Bienvenue en 2013!

(Note : Je croyais effectivement qu'il me fallait écrire au crayon pour transcrire les messages des êtres de lumière. Cette première lettre est arrivée tellement rapidement et je l'ai simplement transcrite sur le clavier de mon ordinateur.)

Nous communiquerons par ressentis, par suggestions, par images et par impressions. Tu affineras ta faculté à percevoir tout cela en cours de route. Le talent, bien que présent dès le départ, a besoin d'être développé pour atteindre son paroxysme!

Les douleurs et difficultés que tu vis actuellement sont là pour te nettoyer, pour t'épurer et te libérer de tes entraves. Il est temps de faire place nette, peau neuve! Comme dans un disque dur… j'ai besoin d'espace pour déposer tous les enseignements à venir. Et je ne suis pas seule comme tu t'en doutes. J'ai une équipe… D'autres se manifesteront quand leur temps sera venu.

Plonge à cœur ouvert dans ce nouveau monde qui s'ouvre à toi. C'est tellement beau, vivifiant et nourrissant! Tu vas commencer à vivre à un autre niveau. Fais attention toutefois aux faux prophètes, ceux qui sont menés par leur ego. Tu es déjà très habile à les détecter. Il ne te reste qu'à apprendre à t'affirmer davantage. Ce n'est pas tout d'entendre et de s'écouter, il faut être conséquent dans ses actes par la suite! Je suis là pour t'y aider aussi!

Voilà mon amie. Pas si mal comme premier rendez-vous, n'est-ce pas? Je nous trouve très fluides toutes les deux. En ce 16 janvier de l'an 2013, rappelle-toi que tu as enfin établi le contact avec Juju! Et ce n'est qu'un début! Comme le dit la chanson, le soleil tu ne l'as pas encore vu! Laisse-toi aller… surfe sur la vague… apprécie chaque instant. C'est beau devant!

Je t'aime.

Juliette

J'ai longtemps douté de la véracité de cette communication. Surtout, je ne savais plus très bien à qui
je devais m'adresser. Entre mon ange, mes guides
spirituels et Juliette, je m'y perdais un peu parfois…
Puis un jour, j'ai compris que les équipes pouvaient
sans doute se former d'un côté comme de l'autre.

Pour le moment, c'est Juliette qui semble la plus
apte et surtout la plus rapide à répondre à mes questionnements ou à mes demandes de guidance. Mais
comme elle l'a dit elle-même, d'autres pourront aussi
se présenter en temps et lieu. Alors, je suis ses conseils
et je me laisse aller… Je fais de mon mieux pour surfer
sur la vague !

Mon offrande de la semaine :

J'ai créé un fichier dans mon ordinateur pour
conserver mes échanges épistolaires avec Juliette. Aujourd'hui, je ne peux qu'être remplie de reconnaissance
pour la patience dont elle a fait preuve envers moi et
pour sa façon bien à elle de me faire comprendre ses
messages. Sa candeur et sa joie de vivre me font toujours
le plus grand bien.

Semaine 11

La lumière

« *Libres et beaux*
Tout autour de la Terre
Ils seront les enfants de la lumière. »

– *Les amoureux de l'an 2000 par Claude Léveillée*

« *L'obscurité ne chasse pas l'obscurité,*
seule la lumière peut le faire. »

– *Martin Luther King*

Lecture suggérée :
Manuel du Maître
par Dominique Allaire, éditions
Le Dauphin Blanc

Parfois, pour mieux voir, il suffit d'ouvrir la lumière ! Durant les périodes d'effondrement ou de bouleversement, on obtient souvent un nouvel éclairage sur notre existence.

J'ai beaucoup cheminé dans ma vie et j'avais l'impression d'avoir guéri bien des blessures. Toutefois, comme nous vivons sans cesse de nouvelles expériences, nous sommes toujours susceptibles de créer de nouvelles résistances. Et certaines blessures plus anciennes ou profondes peuvent refaire surface à tout moment de la vie, parfois alors qu'on s'y attend le moins…

Je crois que plus nous ferons la lumière sur nos zones d'ombre, plus nous oserons les voir réellement et agir pour les transformer, plus nous découvrirons notre véritable rôle sur terre. À ce niveau aussi, il n'y a pas de hasard. Certaines blessures (et surtout leur guérison) nous permettront d'aider à notre tour. Elles développent notre compassion et ouvrent la voie vers notre pleine réalisation.

Dans cette période houleuse de ma vie, j'ai dû faire face à quelques-unes de mes zones d'ombre. Autant j'avais l'impression de ressentir l'appel de l'élévation de conscience, autant je sentais qu'il me faudrait d'abord descendre plus profondément à l'intérieur de mon être…

Je suis née prématurément en ne pesant que 2 kilos et 21 grammes. Sur une photo, on voit mon père qui me tient dans une seule main. Ma mère avait l'impression d'avoir manqué son coup. Probablement qu'à cette taille, je ne semblais pas très proportionnée… Alors, comme elle s'amuse à le raconter, elle me cachait sous des tonnes de dentelle. Elle tentait de faire diversion en attendant que j'atteigne les bonnes proportions! Évidemment, on en rit aujourd'hui, mais ce n'est que récemment que j'ai découvert que cette arrivée sur terre avait laissé une trace… J'avais souvent cette impression d'être trop petite, «pas assez» en quelque sorte. J'ai longtemps souffert du syndrome de l'imposteur, d'ailleurs. Inconsciemment, j'avais enregistré cette pensée qu'il était préférable de ne pas être vue. Étonnant n'est-ce pas, quand on pense au métier que j'exerce aujourd'hui?

En réalité, je faisais de la télévision non pas pour être vue, mais pour transmettre du contenu inspirant. La télé était un médium pour accomplir ma mission et, sincèrement, je trouvais parfois très difficile de me plier à toutes les règles de ce milieu très centré sur l'image. Alors, là aussi, je parvenais à me cacher.

Au départ, ce livre devait être un roman. J'ai commencé à l'écrire en 2011. Il devait être publié en septembre 2012, mais ce ne fut pas le cas. Je n'y arrivais tout simplement pas. Oui, bien sûr j'avais une histoire, mais c'était la mienne en grande partie que je tentais de transformer en roman. Le processus s'est révélé excessivement pénible et je trouvais toutes les raisons du monde pour ne pas écrire…

Je sentais bien que quelque chose clochait où qu'il y avait un blocage, mais je ne parvenais pas à l'identifier. Je voulais tellement écrire une histoire autre que la mienne. Surtout, je ne voulais plus voir ma photo sur la couverture de l'un de mes livres. J'avais dit à l'éditeur : « Plus jamais ! » J'aurais dû me rappeler qu'il ne faut jamais dire jamais…

Le 11 avril 2013, je suis allée à une autre conférence de l'unique Oprah, à Montréal cette fois. Bien des semaines avant l'événement, alors que je venais tout juste d'acheter mon billet, j'avais signifié à quelques personnes influentes dans mon milieu que s'il y avait une possibilité de la rencontrer lors de son passage, je voulais y être.

Je rêvais depuis longtemps de rencontrer celle qui m'avait tellement inspirée dans mon métier. Le soir de l'événement, j'ai compris qu'il aurait été relativement facile de me rapprocher de la grande dame comme d'autres avaient eu l'occasion de le faire. Mais cela ne s'est pas produit parce que je ne faisais pas partie du *star-system*. Je n'étais pas de ce groupe parce que je préférais demeurer dans l'ombre…

Le lendemain, sur le chemin du retour chez moi, j'ai pleuré comme je ne l'avais pas fait depuis longtemps. J'étais profondément déçue d'avoir manqué cette occasion. Puis, j'ai songé aux sages paroles d'Oprah… Elle nous avait rappelé que lorsque les choses ne se passaient pas comme nous l'avions souhaité, lorsque nous étions déçus, choqués ou tristes de la tournure de certains événements, c'est qu'il y avait une leçon à en tirer, mais aussi qu'il s'agissait d'une formidable occasion de pivot. Un nouvel alignement était alors nécessaire. Et souvent, cette nouvelle trajectoire que nous choisissions de prendre était celle qui allait tout changer.

Par la suite, j'ai eu plusieurs discussions avec des gens de mon entourage professionnel et des amis. Grâce à eux, j'ai compris que j'avais attiré ce qui m'était arrivé. Je travaillais dans les médias depuis de nombreuses années déjà, mais j'avais toujours refusé de jouer le jeu du vedettariat. Je voulais que les gens soient inspirés à développer leurs formidables capacités et à réaliser leur vie de rêve, mais je ne voulais surtout pas être perçue comme un gourou. En fait, je préférais ne pas être trop vue...

C'était le contenu de ce que je transmettais qui m'apparaissait le plus important, pas le contenant! Je n'aimais pas qu'on me dévisage et j'étais extrêmement choquée lorsque des gens écrivaient au service à l'auditoire pour se plaindre de la couleur de mes cheveux ou de tout ce qui concernait ma personne. Je me disais qu'ils n'avaient rien compris, que l'important n'était pas là.

Puis, le coup de grâce est arrivé! Après de nombreuses discussions avec les acteurs du milieu littéraire, mon éditeur me dit qu'il croyait fermement que l'on devait mettre ma photo sur la couverture de ce livre. Alors que j'aurais dû regimber, j'ai plutôt vécu un moment de grâce. Tout d'un coup, tout se mettait parfaitement en place. Tout devint clair et je sus alors quelle était LA voie à suivre. J'ai dit: «OK, bonne idée!» C'était à se demander qui avait vraiment parlé!...

S'ensuivit une joyeuse orchestration de la vie menant à la prise de nouvelles photos et au parachèvement de ce manuscrit. J'ai osé me dévoiler complètement au moyen de cette histoire qui est la mienne. Plus encore, cette demande de mon éditeur de mettre ma photo sur la couverture m'amenait à faire le choix conscient d'accepter d'être remarquée. Vouloir trop l'être dénote un ego démesuré, mais se cacher n'est guère mieux. L'équilibre, voilà ce qu'il fallait trouver !

Évidemment, en réglant cette situation, une puissante valve s'est ouverte. Ma créativité est revenue et la rédaction de ce livre s'est faite davantage dans la grâce et l'amusement.

Parfois, il fallait savoir accepter d'être en pleine lumière pour en inspirer d'autres à avoir le courage d'y être aussi… L'être humain est né pour rayonner et non pour vivre petit et dans l'ombre.

Ceci me fait penser au *X* que l'on met sur la scène lors de mes conférences. Le technicien me rappelle toujours de me tenir sur mon *X* pour m'assurer d'être dans la lumière. De cette façon, le public me voit bien et il est plus apte à recevoir les messages transmis.

Pour me souvenir d'honorer mon être et de demeurer dans la lumière, j'ai fait encadrer cet extrait du discours prononcé par Nelson Mandela lors de son intronisation à la présidence de la République de l'Afrique du Sud en 1994 :

« Notre peur la plus profonde n'est pas que nous ne soyons pas à la hauteur, notre peur la plus profonde est que nous sommes puissants au-delà de toute limite. C'est notre propre lumière et non pas notre obscurité qui nous effraie le plus. Nous nous posons la question : Qui suis-

je, moi, pour être brillant, talentueux et merveilleux ? En fait, qui êtes-vous pour ne pas l'être ?

« *Vous êtes né de la lumière. Vous restreindre et vivre petit ne rend pas service au monde. L'illumination n'est pas de vous rétrécir pour éviter d'insécuriser les autres. Nous sommes nés pour rendre manifeste la puissance divine qui est en nous. Elle ne se trouve pas seulement chez quelques élus : elle est en chacun de nous, et tandis que nous laissons briller notre propre lumière, nous donnons inconsciemment aux autres la permission de faire de même. En nous libérant de notre propre peur, notre présence libère automatiquement les autres...* »

Plus nous laissions pénétrer la lumière, plus nous étions en mesure de voir clair dans toutes les facettes de notre vie. Sous ce nouvel éclairage, nous ne cherchions plus le sens de notre existence ou ce que nous étions venus faire sur cette terre. Cela devenait une évidence !

Mon offrande de la semaine :

Je me suis amusée à aider les autres à se mettre en lumière. J'ai distribué compliments et encouragements à tout vent ! Et chaque fois, je me suis sentie bien. J'avais l'impression d'être au service de la lumière...

Semaine 12

L'œuvre

« *La vie est une œuvre que l'on crée à chaque instant.* »

– *Lao She (Shu Qingchun)*

Lecture suggérée :
Le Why café
par John P. Strelecky,
éditions Le Dauphin Blanc

Pourquoi êtes-vous ici? Voilà l'une des questions inscrites sur le menu du *Why café* dans le livre de John P. Strelecky. Lors de sa dernière conférence à Montréal, Oprah commença son allocution par la même question.

Pourquoi suis-je ici? Pourquoi suis-je dans l'endroit où je me trouve actuellement? Pourquoi suis-je en train d'écrire ce livre (et vous de le lire)?

Mais plus important encore, pourquoi suis-je ici sur la terre? La réponse est la même pour tous les êtres humains:

Nous sommes ici pour servir.

Pour certains, cette notion de service a pris une mauvaise connotation. Il n'est pas question de faire les quatre volontés d'une personne capricieuse, mais plutôt de se rendre utile et d'aider au-delà de toute obligation. Cela consiste à se mettre au service de la vie. C'est d'offrir ses talents et d'apporter sa contribution. La vie nous offre toujours des occasions de servir, mais répondons-nous à l'appel?

C'était le temps des fêtes et j'étais à Montréal pour un party de Noël organisé par mes producteurs télé. Je venais de me séparer et je n'avais pas le cœur à la fête. Quand on vit une rupture, les chansons de Noël nous font l'effet d'un poignard au cœur. Je ne me sentais pas la force d'aller festoyer, alors je me suis offert une pédicure, et j'ai repris la route vers Québec. J'ai cette habitude de repartir du salon d'esthétique en sandales, même si c'est l'hiver, même s'il fait moins vingt degrés à l'extérieur. Je mets la chaufferette de ma voiture au maximum et les trois heures de route entre Montréal et ma maison permettent amplement le séchage de mes jolis ongles d'orteils.

Ce jour-là, j'étais sur l'autoroute 40 et je pleurais à chaudes larmes. Je me trouvais tellement pathétique… J'étais presque choquée d'éprouver autant de peine. J'aurais souhaité être plus forte. Alors, je me suis rappelé ma prière du soir et j'ai décidé de relancer l'appel immédiatement. C'était une urgence, je devais me changer les idées. J'ai donc dit à Dieu : « Mon Dieu, utilisez-moi ! » Je pensais que cela m'aiderait à relativiser et à me sortir du marasme.

Encore une fois, j'ai eu une preuve flagrante que nos demandes obtenaient toujours leurs réponses, parfois même très rapidement… Ça ne faisait certainement pas plus de cinq minutes que j'avais effectué ma demande lorsque je m'aperçus que les voitures devant moi ralentissaient pour éviter un obstacle qui semblait leur barrer le chemin. Je saisis mon volant à deux mains, prête à affronter ce qui s'en venait et c'est à ce moment que je l'aperçus. Un gros chien blanc se tenait entre les deux voies de l'autoroute, paralysé par la peur. Manifestement, il ne savait pas comment se sortir de sa fâcheuse situation. N'écoutant que mon courage, je garai ma voiture en bordure de l'autoroute et je sortis pour tenter de l'aider. En sandales !

Heureusement, j'avais dans ma voiture des biscuits chinois reçus en cadeau la veille. C'est ce qui me permit d'attirer la bête jusqu'à ma voiture. Ne me demandez pas quel était le message inséré dans le biscuit, je l'ai perdu dans l'énervement. Je sais, cela aurait ajouté à l'histoire ! Peut-être que le message était directement relié à la situation ?... Nous ne le saurons jamais. Il y a de ces mystères dans la vie qui la rendent justement encore plus magique !

Une fois le chien bien installé sur ma banquette arrière, je repris la route et surtout, je repris mes esprits, comme on dit. C'est à cet instant que je me suis demandé ce que j'allais faire de ce chien. Lui, il était fou de joie, rempli de gratitude que je lui aie sauvé la vie. Sans doute pour me témoigner toute cette reconnaissance, il s'était confortablement installé entre les deux sièges et il respirait de bonheur à deux pouces de mon visage !

Alors que j'avais décidé de prendre la prochaine sortie et d'aller le porter au poste de police en espérant que l'on retrouve son maître, j'aperçus un homme sur le viaduc devant moi. Il tenait un bout de chaîne dans sa main et il semblait en état de panique. Nul doute, il s'agissait sûrement du maître du gros poilu qui était maintenant en train de me lécher la joue.

Je sortis de l'autoroute pour rejoindre le monsieur qui s'avéra effectivement être le propriétaire du chien. Lorsque je descendis de la voiture pour le rencontrer et lui rendre son précieux ami, le monsieur me prit dans ses bras et nous nous mîmes tous les deux à pleurer. Jusqu'à ce qu'il s'aperçoive que je n'avais pas de bottes. Rapidement, je tentai de lui expliquer la situation. Je me foutais complètement d'avoir froid aux pieds, je venais de sauver la vie d'un chien, et rien ne comptait plus que cela.

Ce n'est qu'en reprenant la route que je compris que ma demande à Dieu avait été exaucée. J'avais été Son instrument. Je m'étais rendue disponible et prête à servir; en prime, j'avais oublié mes problèmes. La peine d'amour était subitement devenue bien secondaire. Je suis rentrée chez moi ce soir-là le cœur plus léger en me rappelant ce qui donnait un véritable sens à notre vie : le fait d'être à son service.

Là réside l'œuvre de chaque être humain, la plus belle de toutes les cocréations. Si vous recherchez la définition du mot *œuvre* dans le dictionnaire, vous serez peut-être surpris d'apprendre qu'il réfère au travail, au fait de mettre en valeur ou de se faire valoir. Dans la Bible, on nous dit même que «chacun sera jugé selon ses œuvres». Dans le langage populaire, on parlera de «bonnes œuvres» lorsqu'il est question d'aider et de faire du bien dans la société.

Les alchimistes, eux, faisaient référence au «grand œuvre» pour désigner la transmutation des métaux en or ou la recherche de la pierre philosophale qui menait à l'immortalité. En alchimie, l'expression «œuvre au noir» représentait la première des trois phases pour achever le grand œuvre (*magnum opus* en latin).

À notre niveau, ne serait-il pas juste de penser que le fait d'être au service de la vie (ou de Dieu) donne un sens à notre existence en nous faisant vivre des moments de grandes connexions ou, comme diront certains, des instants d'éternité !

Après ces découvertes, je me fis la promesse d'œuvrer pour mon propre bien et celui du monde. J'acceptais d'être au service de la vie pour ainsi cocréer ensemble la plus grandiose des œuvres d'art !

Mon offrande de la semaine:

Alors que je faisais mes emplettes chez Walmart dans le temps des fêtes, je fus soudainement remplie de reconnaissance pour tout ce que j'avais reçu de la vie dans la dernière année. Certains moments avaient été pénibles, mais les leçons retirées valaient bien davantage. Arrivée aux caisses, j'aperçus un jeune couple avec une petite robe de mère Noël accrochée sur le côté de leur panier d'emplettes. Tout de noir vêtus, ils avaient une allure gothique. Autant leur allure était sombre, autant l'amour qui les unissait semblait lumineux.

Cette vision m'émut profondément et je ressentis l'élan de leur faire un cadeau. Je me présentai à eux en leur disant à quel point je les trouvais beaux et touchants. Ils me confièrent qu'ils venaient d'avoir une petite fille et qu'ils étaient impatients de célébrer leur premier Noël en sa compagnie. Cela les rendait fous de joie!

Avec beaucoup de déférence, je leur demandai s'ils me permettaient de leur offrir un cadeau de Noël. J'estimais avoir eu une excellente année et n'ayant pas d'enfant moi-même, il était très significatif pour moi de partager leur bonheur. Je payai donc le contenu de leur panier et nous nous souhaitâmes un joyeux Noël. Le soir du réveillon, alors que j'étais toute seule dans la cuisine, j'eus une pensée pour eux. J'imaginais la petite dans sa robe de mère Noël et je les bénissais intérieurement. Encore une fois, je ressentis le doux sentiment de savoir que j'avais contribué… Et cela fit de mon Noël, cette année-là, la plus belle des fêtes.

Semaine 13

La symbolique

« J'emploie le concept général de synchronicité dans le sens particulier de coïncidence temporelle de deux ou plusieurs événements sans lien causal et chargé d'un sens identique ou analogue; ceci par opposition au «synchronisme», qui ne désigne que la simple simultanéité des événements. Ainsi donc, la synchronicité signifie d'abord la coïncidence temporelle d'un état psychique donné et d'un ou de plusieurs événements extérieurs qui offrent un parallélisme de sens avec cet état subjectif du moment. »

– *Carl Gustav Jung*

Lecture suggérée :
Le Hasard n'existe pas
de Karl Otto Schmidt, éditions Astra

À ce stade du programme, je commençais à ressentir les bénéfices du cheminement des premières semaines. Plus je laissais aller la résistance, plus j'apprenais à vivre de manière authentique dans la lumière, plus mon œuvre devenait évidente. Le plus amusant dans ce processus consistait non seulement à établir le contact avec mon esprit, mais également à percevoir et mieux comprendre les signes susceptibles de me guider sur ma route.

Plus jeune, je faisais partie des jeannettes dans le mouvement scout. On m'avait alors attribué le totem de «fauvette attentive». Je ne m'étais jamais vraiment questionnée sur la signification de ce totem jusqu'à ce que j'entreprenne ce programme. On dit qu'il n'y a pas de hasard dans la vie; encore une fois, j'avais reçu un signe, mais sans vraiment le comprendre.

Alors que je rédigeais ce livre et que je saisissais à quel point les signes liés aux animaux étaient nombreux dans ma vie, je compris que le totem n'aurait pu mieux me convenir. La fauvette était un petit oiseau et, donc, elle était munie d'ailes. Combien de fois avais-je fait des analogies avec les oiseaux? J'étais passée de petits volatiles au perroquet et plus récemment à l'aigle! En effectuant quelques recherches sur la symbolique de la fauvette, je découvris qu'on l'avait faite patronne et emblème des couturières. Ma grand-mère maternelle que je chérissais tant et qui semblait m'accompagner dans ce cheminement était couturière!

Si l'animal devait nous représenter, le qualificatif, lui, représentait notre but ou la force à acquérir. La puissance de l'attention, voilà ce que j'avais découvert avec la pleine conscience et ce qui était en train de révolutionner ma vie. Et c'est en prêtant attention à ce que je voyais, ce que je ressentais et vivais que j'ai mesuré toute la grandeur des symboles pour guider notre existence.

Lors de périodes de questionnement ou de transition, nous tendons à recevoir davantage de signes ou de synchronicités. Elles peuvent prendre diverses formes, mais toujours elles transmettent un message, un complément d'information, ou elles nous confirment que tout se déroule selon le plan.

Juste avant d'entreprendre le programme *Sexy, zen et happy*, je voyais le nombre 919 partout. Fréquemment, je regardais l'heure et il était 9 h 19. Mais plus encore, je l'apercevais sur les plaques des voitures, les portes de maison, etc. J'avais même travaillé dans une station de radio qui se syntonisait au 91,9! J'entrepris donc quelques recherches afin d'en savoir un peu plus sur la signification de ce nombre.

Selon Doreen Virtue, le nombre 919 annonce que la divine mission de vie se manifeste rapidement grâce aux pensées positives, aux affirmations et à la visualisation faites précédemment. Il invite à continuer de croire et d'affirmer que les désirs peuvent devenir réalité.

En poursuivant mes recherches sur le Web, je n'ai pas été surprise de découvrir que le nombre 919 se voulait un message de mes anges venus me dire qu'une phase ou situation de ma vie était arrivée à terme, mais qu'une nouvelle porte s'ouvrait grâce au cheminement effectué au préalable. J'étais devant de nouvelles occasions favorables, mais surtout ce nombre m'encourageait à suivre ma voie spirituelle avec confiance. C'était le temps tout désigné pour un nouveau départ davantage en accord avec mes nouveaux choix de vie. Enfin, le fait de voir le nombre 919 à répétition demandait de laisser aller le vieux pour faire de la place au nouveau. Tellement de mise dans ma situation !

Malheureusement, j'ai l'impression que nous avons perdu notre connexion avec les éléments de la nature, dont les plus puissants, les animaux... À l'été 2012, mon frère m'a demandé de garder son perroquet (eh oui, c'est de famille !) et il hésitait, mais il m'a également demandé si j'acceptais de prendre aussi Jujube, son dragon barbu. « Bien sûr », lui répondis-je. Qu'est-ce que je ne ferais pas pour mon frérot ? Je l'aime d'un amour au-delà de tout... Je ne savais absolument pas en quoi consistaient les soins d'un dragon barbu, un type de lézard plutôt petit et amical.

Pendant les dix jours qu'il a passés chez moi, je suis tombée littéralement amoureuse de lui ! Jamais auparavant je n'avais vu un animal aussi présent et zen. Il n'arrivait certainement pas par hasard dans ma vie... C'était le champion du *chill*, comme disaient les jeunes ; mais plus encore, j'avais la drôle d'impression qu'il ressentait mes émotions et me transmettait des messages...

J'ai tellement fusionné avec lui pendant ces jours où je le gardais que j'avais du mal à m'imaginer que l'on se séparerait incessamment. C'est difficile à expliquer, surtout si vous avez horreur des reptiles, mais ça se passait sur un autre plan, comme si nous nous étions retrouvés. J'étais remplie d'amour pour lui et j'avais de la peine à penser qu'il me quitterait pour retourner chez mon frère. Alors, je lui fis la promesse d'être toujours là pour lui. Notre connexion surpassait les lieux. C'était de cœur à cœur ou d'âme à âme !

Mon frère est revenu de vacances. Bien sûr, il avait confié aux enfants ma soudaine affection pour Jujube… Et les enfants dans leur grande générosité ont décidé de me le donner ! Selon eux, Jujube serait plus heureux chez moi et moi, je serais plus heureuse avec Jujube. Quand on dit que la vérité sort de la bouche des enfants. Ils sont encore connectés à la Source. Leur cœur sait ce qu'il doit faire… J'ai eu peur bien sûr qu'ils regrettent, alors je les ai appelés quelques fois pour vérifier. Mais non, leur décision était ferme et sans retour. Une décision divinement inspirée, je suppose.

Aujourd'hui, Jujube vit officiellement chez moi et il m'apprend la « zénitude » ! Il a une capacité d'observation hors du commun. La pleine conscience, il l'a dans le sang, lui ! Chaque jour, il m'inspire et je peux le comprendre sans même qu'il me parle. Je le ressens.

Bizarrement, alors que je rédigeais ces lignes, j'ai appris que mon frère l'avait acheté d'un ami qui, lui, avait trouvé Jujube dans un parc de Montréal. Je ne sais pas d'où il vient, ni quel âge il a… Mais une chose est sûre, c'est un battant ! Il a un moignon au bout de la queue qui me porte à penser qu'il a subi une attaque ou un accident pendant sa cavale… Je ne peux qu'admirer cette petite bête perdue qui a été retrouvée. N'était-ce pas le cas de bien des humains aussi ?

Évidemment, j'ai cherché à connaître la significa-tion du lézard, sa symbolique surtout… Il semble que son attitude, immobile sous les rayons solaires, illustre la contemplation et la réceptivité. C'est pourquoi il est considéré comme un premier degré menant à la sagesse. Placé près d'un homme, il annonce que celui-ci est en train d'acquérir la lumière. La vie est réellement fascinante !

Qu'il s'agisse d'oiseaux, de papillons ou d'animaux de compagnie que nous avons choisi d'adopter, ces bestioles ne se présentent certainement pas par hasard dans nos vies. Au contraire, elles sont souvent porteuses d'une mission particulière. Les animaux ne réfléchissent pas comme l'humain. Ils vivent totalement dans le moment présent et l'amour inconditionnel. Pour cela, nous devrions les honorer et communier davantage avec eux pour capter leurs messages…

Entre mes réflexions sur la symbolique des choses et des événements, je me suis également penchée sur la question des rêves. S'il est vrai que la nuit porte conseil, j'ai découvert que les rêves pouvaient nous apporter des réponses à nos questions et même une guidance dans notre vie. En prenant soin de mon corps et en adoptant un style de vie plus zen, mes nuits sont devenues plus riches d'inspirations, d'enseignements et, quelques fois, d'avertissements…

Alors que j'amorçais le programme *Sexy, zen et happy,* j'ai rêvé d'une libellule qui vivait sous une mince couche de peau sur ma joue. Curieusement, cela ne me dérangeait pas. Le rêve était si clair et détaillé que je sentais l'importance du message qu'il transmettait sans toutefois le saisir vraiment.

Au terme de quelques lectures, j'appris que la libellule représentait la recherche de l'équilibre, mais également de la vérité, au-delà des apparences. Symboliquement, cet animal nous aide à équilibrer le mental et les émotions grâce à la méditation. La libellule peut nous rendre plus conscients du pouvoir curatif de la lumière. Dans mon rêve, bien installée sur ma joue, je la savais là pour m'aider à voir au-delà de l'illusion.

À une autre période de mon cheminement, alors que je fréquentais un homme, tout en ressentant que notre couple était voué à l'échec, je reçus un avertissement en rêve. Dans mon monde onirique, j'avais rencontré un homme qui s'appelait Void Kin-Legault. Je trouvai ce nom si étrange que je m'empressai de le noter au réveil. Étant donné que *void* se traduit en français par « annuler » et *kin* par une relation, je trouvai le message très révélateur. En le répétant dans ma tête, j'ai pensé que « Legault » sonnait comme *let go* en anglais. Je sus alors qu'il me fallait mettre fin à cette relation et passer à autre chose.

Combien de fois la vie nous parle-t-elle par le biais des rêves ou des signes de jour ? Les messages ne manquent pas d'être envoyés, mais sommes-nous présents pour les recevoir ? Avant d'en rechercher la symbolique, il faut d'abord apprendre à voir les signes… La thématique de la prochaine semaine devrait sûrement nous y aider.

Mon offrande de la semaine :

Je me suis munie d'un joli cahier et d'un crayon que j'ai placés dans le tiroir de ma table de nuit. Ainsi, j'avais tout à portée de la main pour noter mes rêves et recevoir une meilleure guidance.

Semaine 14

La présence

« *Le miracle n'est pas de marcher sur l'eau,
il est de marcher sur la terre verte dans le moment
présent et d'apprécier la beauté et la paix qui sont
disponibles maintenant.* »

– *Thich Nhat Hanh*

Lecture suggérée :
Le Luthier
par Alain Williamson,
éditions Le Dauphin Blanc

Pour m'ouvrir davantage aux signes et pouvoir en comprendre la symbolique, je savais que je devais améliorer ma qualité de présence. J'avais trop souvent cette impression de ne pas être complètement présente à ma propre vie. Je vivais en surface, à la va-vite, réalisant une foule de choses, mais sans jamais avoir l'impression d'en profiter. J'admirais ces gens qui passaient des heures à ne rien faire, à simplement profiter pleinement du moment qui passe. Moi, je me hâtais de tout faire parce que la liste était sans fin. Même lorsqu'il s'agissait de partir en voyage, d'aller marcher dans la nature ou de me lancer dans une quelconque activité de relaxation, il fallait faire vite. Je me dépêchais de relaxer !

Nous avons parfois tendance à voir le gazon plus vert chez le voisin… Lors des périodes de travail ultra-occupées, alors que je n'avais pas une minute à moi et que les demandes fusaient de partout, j'enviais les gens qui semblaient ne rien avoir à faire, ceux qui prenaient le temps de profiter de la vie. Je rêvais d'être à la maison en train de me prélasser dans le bain ou de lire un bon livre. Curieusement, à l'inverse, lorsque je vivais des périodes d'accalmie, je cherchais de nouveaux projets comme s'il fallait absolument que je fasse quelque chose.

Pourtant, j'ai toujours eu horreur des extrêmes ou, par extension, des extrémistes. Bien que recherchant l'équilibre, je sentais que j'étais en train de perdre pied actuellement dans ma vie. Vous savez, quand vous ressentez que la ligne devient de plus en plus mince ! On a alors l'impression que quelque chose nous échappe ou que nous sommes sur un terrain glissant… Je voyais le signal « danger » clignoter ! Mais qu'est-ce que je recherchais au juste ? L'équilibre, oui, mais comment pouvais-je me donner une ligne directrice ? Par où commencer ? Comment m'y prendre exactement ? Je ne le savais pas trop, mais j'avais l'intuition que la présence était l'une des portes menant à l'équilibre.

Nous cherchons souvent bien loin ce qui est juste là, devant nous. À preuve, cette histoire vécue lors de mon séjour à Vancouver avec Thich Nhat Hanh…

Mes trois premiers jours de retraite en pleine conscience m'avaient fait vivre l'enfer parce que je n'étais pas habituée à méditer pendant de longues heures et surtout, jamais auparavant, je n'étais demeurée aussi longtemps dans le silence. J'entrais profondément à l'intérieur et pour atteindre la lumière, je devais d'abord faire face à mes démons. Un soir avant de m'endormir, je demandai à mes guides de me livrer un signe d'encouragement le lendemain. Je souhaitais que l'on me confirme que cette traversée du désert n'était pas vaine.

Le lendemain matin, en route vers le bâtiment de méditation, j'aperçus une petite fée dessinée à la craie sur le sol.

Tout énervée, je m'empressai de raconter à une amie qui m'accompagnait qu'il s'agissait sans doute du signal que j'attendais, celui qui m'encourageait à continuer mon cheminement. Mon amie me regarda alors d'un air surpris et elle me dit :

« Ne me dis pas que c'est la première fois que tu vois ce dessin sur le sol?

— Oui, pourquoi?

— Christine, ça fait trois jours que tous les matins, nous marchons sur ce dessin de la petite fée. »

Je n'avais pas remarqué le dessin les matins précédents. J'ai compris que le message reçu m'invitait à être plus présente… Les jours suivants (et c'est ce que je n'ai cessé de faire depuis), je me suis efforcée d'observer davantage et d'améliorer ma qualité de présence à la vie. Je m'asseyais sur un banc ou sur une souche dans le bois ou sur la plage et je regardais tout ce qui se trouvait autour de moi. C'est de cette façon que j'ai développé ma capacité à ressentir l'essence des êtres et des objets.

Cela me rappelle un extrait du film *Beauté américaine* (*American Beauty*), où l'on voit un sac qui virevolte au vent. Cette séquence qui dure près de trois minutes avait produit un effet particulier en moi. J'étais profondément touchée par ce que j'aurais pu appeler la « danse du sac ». On aurait dit qu'en le regardant attentivement, en m'immergeant dans ce que je voyais, je devenais le sac et je pouvais même en ressentir des émotions.

Cette expérience a amorcé ma recherche de sensations liées au degré de présence. J'ai répertorié une multitude d'extraits de films ou de moments marquants de la télévision pour me permettre de mesurer pleinement la portée de cet état de pure présence ou de pleine conscience. Si vous désirez en faire l'expérience, je vous suggère les extraits suivants (que vous pourrez visionner sur YouTube) :

- La petite Jackie Evancho qui chante l'*Ave Maria*.

- Le rassemblement éclair d'un orchestre symphonique filmé sur la Plaça de Sant Roc, le 19 mai 2012.

- Et, sur une note plus *sexy*... dans le film *Danse lascive* (*Dirty Dancing*), la scène où Patrick Swayze danse avec Jennifer Grey sur la chanson *Cry to Me*.

En psychologie positive, on considère que le fait d'observer des images représentant la bonté ou la vertu produit en nous une émotion d'élévation. Ce sentiment nous pousse à nous réaliser davantage et à devenir altruistes. Nous avons alors l'impression de mieux percevoir notre place dans le tout et nous nous sentons appelés à apporter notre contribution. D'où l'importance de se nourrir d'images positives et génératrices d'émotions positives !

Après une conférence où j'avais abordé le thème de la présence, une femme prénommée Élaine est venue me voir pour me raconter son histoire. À l'hôpital où elle travaillait, elle devait préparer une dame en vue d'un examen radiologique visant à analyser une masse qui se trouvait dans un de ses seins. La patiente était terriblement angoissée et le personnel infirmier ne savait plus quoi faire pour la calmer. Alors, Élaine eut l'idée, voire l'intuition, de lui chanter l'*Ave Maria*, sans savoir que la patiente aimait particulièrement ce chant. La tactique produisit l'effet désiré. La patiente se calma et fut en mesure de passer son examen. Par la suite, Élaine a même enregistré un album avec son interprétation de l'*Ave Maria*. Les profits de cet album ont d'ailleurs été remis à la cause du cancer du sein.

Plus nous développerons cette qualité de présence, plus nous serons émerveillés par la beauté du monde, touchés par la bonté humaine et la vaste gamme de sentiments d'élévation que cela procure.

La présence solidifie l'être. Elle nous ancre les pieds solidement au sol tout en nous permettant d'entrer plus profondément à l'intérieur de nous. De cette façon, nous sommes davantage en mesure de conserver notre équilibre…

Mon offrande de la semaine :

J'ai amassé une collection d'extraits vidéo susceptibles d'amplifier mon degré de présence et de me procurer des émotions d'élévation. Amusez-vous à en faire autant et partagez vos découvertes avec vos amis !

Semaine 15

L'équilibre

« *Respire longuement et profondément pour
que l'ange de l'air puisse pénétrer en toi, car le rythme
de ta respiration est la clé de la connaissance
qui te révélera la sainte loi.* »

– *L'Évangile essénien de la Paix, livre 3*

Lecture suggérée:
Les Sept Lois spirituelles du succès
par Deepak Chopra,
éditions J'ai lu, coll. Aventure secrète

Nous naissons avec une première inspiration et nous quitterons ce monde avec une dernière expiration. Entre les deux, pour demeurer vivants, nous répèterons l'exercice continuellement, de manière automatique et naturelle. Nous sommes continuellement ballottés entre cette pulsion de vie et cette pulsion de mort. Encore une fois, puisque ce qui est à l'extérieur est comme ce qui est à l'intérieur, se pourrait-il que le processus de la respiration représente également le principe créateur de l'existence dans son ensemble ?

L'inspiration permet d'accueillir le souffle créateur. À l'extérieur du corps, l'inspiration se fait dans le silence, la méditation, le repos ou tout ce qui permet de nourrir notre corps, notre esprit et notre cœur. C'est la période de semence.

L'expiration, elle, permet de créer. C'est le souffle de vie qui prend forme dans la matière. Elle représente notre offrande à ce monde en quelque sorte. La respiration pourrait se comparer à un pont entre le corps et l'esprit. C'est l'alternance équilibrée de l'inspiration et de l'expiration qui nous permet d'être en vie.

Qu'en est-il dans notre quotidien maintenant ? Notre société expire beaucoup. Nous sommes continuellement dans le *faire* et dans l'accomplissement de cette liste sans fin de tâches à effectuer. Quand prenons-nous le temps d'inspirer ?

La reconnexion ou l'unification du corps avec l'esprit passera également par un rééquilibrage de l'inspiration versus l'expiration. Plus nous inspirerons profondément en demeurant dans l'instant présent, en méditant ou en recherchant le silence et la paix, plus nous pourrons créer de véritables manifestations miraculeuses dans notre vie. Je le sais, je l'ai testé !

Comme vous le savez déjà, tout a débuté par cette semaine de méditation en pleine conscience. J'aurais pu commencer par une journée pour y aller doucement. J'imagine que je sentais l'urgence de ce rééquilibrage… Une journée, c'était bien, mais une semaine, ce serait encore mieux ! J'ai pu alors constater à quel point nous étions des êtres d'habitude. Pas facile de prouver à son corps que ce qu'il est en train de subir au départ est pour le mieux !

J'avais mal partout et j'avais l'impression que j'allais devenir complètement folle à force de lutter avec toutes les pensées qui traversaient constamment mon esprit. Plusieurs fois, j'ai pensé abandonner. Je me disais que je n'y arriverais jamais. Mon mental essayait même de me convaincre que je n'étais tout simplement pas faite pour ça. J'étais une fille d'action et je réussissais déjà très bien ainsi, alors pourquoi changer finalement ?

Heureusement, une partie de moi a tenu à continuer. Toutefois, je me suis donné un peu de latitude. Je tenais à mon engagement d'être une bonne amie pour moi-même. Je ferais de mon mieux. Ça m'a pris quatre jours avant d'en percevoir les premiers bénéfices. Je souffrais toujours, mais je commençais à voir la lumière au bout du tunnel. Ça s'est présenté subrepticement, comme une vague sensation de bien-être, différente de tout ce que j'avais ressenti auparavant. Pendant de très courts instants, je touchais à la grâce. Un doux sentiment de paix intérieure emplissait mon corps et mon esprit. Mes sens s'affinaient et tout me paraissait un peu plus lumineux.

S'ensuivit alors une série de petits gestes qui autrefois m'auraient paru bien anodins, mais qui subitement prenaient tout leur sens… J'avais le goût d'aimer davantage, d'honorer la vie et de contribuer. Un après-midi, alors que je relaxais sur un banc au soleil, j'ai pensé à quel point il serait formidable que chaque être humain puisse ressentir cet état de paix qui se cache au tréfonds de soi. J'aurais voulu pouvoir dire à chacun qu'il était parfait tel quel, qu'il n'avait rien à prouver, que tout irait bien s'il faisait confiance à la vie, et s'il acceptait de danser avec elle. Puis, j'ai pris un petit bout de papier sur lequel j'ai noté ceci :

Honore ta beauté ! Sois qui tu es !

Recherche toujours l'amour, la joie et le bonheur.

Et rappelle-toi que tu es aimé ou aimée.

Tu es béni ou bénie.

Amuse-toi et profite de la vie !

J'ai plié le bout de papier et je l'ai inséré entre deux interstices du banc sur lequel j'étais assise. Je suis repartie le sourire aux lèvres en imaginant l'effet que produirait ce message sur son heureux destinataire. Cet acte fut le premier d'une longue série. Il servit même au lancement du mouvement des Bontés divines dont je reparlerai.

N'est-il pas juste de dire que pour vivre, nous devons inspirer avant de pouvoir expirer? Dans notre société, on dit souvent qu'il faut donner pour recevoir. Et si nous avions mal compris? Ça expliquerait aussi pourquoi nous ne sommes pas plus prospères, pourquoi nous sommes à bout de souffle et pourquoi nos rêves ne se réalisent pas souvent. Et s'il fallait d'abord apprendre à recevoir? Cela signifie pour moi d'apprendre à apprécier la vie dans ses moindres détails. Eh oui, il s'agit bien de gratitude!

Combien de fois avons-nous entendu dire que la gratitude changeait la vie et qu'elle était l'un des secrets pour manifester nos désirs? Nous avons reçu le plus beau des cadeaux, nous avons reçu la vie en cadeau. L'apprécions-nous à sa juste valeur, à sa pleine mesure?

Si nous pouvions être plus souvent dans la pure présence, dans le silence pour simplement prendre conscience de tout ce qui existe, et de tout ce dont nous avons le loisir de profiter. D'abord, nous devrions dire un grand MERCI pour tout cela et nous en inspirer pour créer! Voilà peut-être la véritable signification d'apprendre à recevoir. En inspirant l'air à pleins poumons, nous recevons le souffle de la vie. Soyons-en plus conscients et utilisons-le à bon escient pour créer consciemment!

Pour Martha Beck, ces deux temps de la vie consistent à se reposer et s'amuser, ce qui revient à faire le plein puis à créer. Si nous inspirons consciemment et profondément, ce sera comme une cure de repos, et si nous suivons les élans de notre cœur, nous créerons en nous amusant. Merveilleux, n'est-ce pas?

Finalement, la vie se danse en deux temps, mais également en trois mouvements. On inspire et on expire, puis on le fait à travers le corps, l'esprit et le cœur. Alors, non seulement on demeure en équilibre, mais on manifeste plus rapidement notre vie de rêve!

Mon offrande de la semaine :

Petite, j'adorais dessiner. Les marges de mes cahiers d'école étaient remplies de personnages et d'illustrations de ce qui captait mon attention. Au moment de faire mon choix de programme universitaire, j'ai d'abord pensé m'inscrire en arts. Mais j'ai finalement bifurqué vers le droit… Aujourd'hui, en tant qu'adulte libre et responsable, j'ai choisi de renouer avec le dessin. Je me suis offert tout le matériel nécessaire pour apprendre le pastel sec, et il me tarde de créer à nouveau selon mon inspiration!

Semaine 16

La maintenance

« *Chaque âme devient ce qu'elle contemple.* »

— *Plotin*

Lecture suggérée :
Méditer, jour après jour
par Christophe André,
éditions de L'Iconoclaste

J'allais rejoindre une amie dans le commerce dont elle était la propriétaire. Lorsque j'arrivai, je l'attendis patiemment, car elle était occupée avec une cliente. Mais je ne pus m'empêcher de tendre l'oreille, car elle était en train de se confier à sa cliente, et elle semblait furieuse. J'étais curieuse de savoir ce qui pouvait la mettre dans un état pareil. Juste avant de venir vers moi, elle avait servi une autre cliente et, encore une fois, j'avais remarqué la même irritation. Quelque chose l'avait manifestement choquée ou peinée, et elle ne pouvait s'empêcher de le raconter à toutes ses clientes. C'est ainsi qu'elle arriva devant moi, le visage encore rouge de colère. Elle me lança :

> « Toi qui es si positive et remplie de trucs inspirants, en aurais-tu un à me donner pour m'aider à me sortir de cette histoire ? Et elle me la raconta à mon tour.

— Arrête d'en parler !

— Hein ?

— Plus tu en parles, plus tu ressasses les émotions négatives liées à cet incident. Crois-tu vraiment que cela va t'aider à régler quoi que ce soit ?

— Tu as raison, mais j'y pense constamment. Ça me choque tellement. Je n'arrive pas à me sortir ça de la tête.

— Alors chaque fois que tu y repenseras ou que tu seras sur le point de vouloir en parler, dis-toi mentalement : *J'annule et j'efface.* Puis, rapidement, trouve un autre sujet ! »

Combien de fois racontons-nous les mêmes histoires, celles-là mêmes que nous voudrions ne pas avoir vécues ou que nous aimerions oublier ? Nous avons choisi une bien mauvaise tactique…

Cela me rappelle mes parents qui se plaignaient de la présence des « tamalous » dans les endroits qu'ils fréquentaient. Malheureusement, les personnes de leur âge, et même plus jeunes parfois, parlaient couramment de leurs maladies ou de leurs problèmes de santé. Sans cesse, ils se confiaient à propos des parties de leur corps en souffrance (*t'as mal où ?*). Voilà pourquoi mes parents les surnommaient ainsi.

Il semble que nous ayons tendance à devenir ce que nous contemplons. Pour le philosophe Plotin, la contemplation est d'ailleurs une connivence avec le sujet contemplé. D'où l'importance de demeurer vigilants dans nos observations. Pour nous aider, nous devrions nous poser la question suivante concernant ce nous contemplons : *Est-ce cela que je veux ?* Si la réponse est non, on porte son attention sur autre chose de mieux.

Dorénavant, quand les nouvelles sont mauvaises, quand j'entends les gens se plaindre et critiquer, je me pose cette question et je change de poste, d'endroit ou de pensée ! Je choisis consciemment de ne plus entretenir ce qui n'est pas bon pour moi. Imaginez si nous prenions tous cet engagement…

Cette pratique m'a permis d'amplifier grandement mon pouvoir de manifestation. En portant notre attention sur ce qui nous fait du bien ou ce que l'on veut vivre ou devenir, on finit par l'attirer dans notre vie.

Afin de maintenir mon énergie à son plus haut niveau, ainsi que mes pensées positives et mes actes bienfaisants, je me suis également efforcée de sourire plus souvent. En psychologie positive, on parle du sourire de Duchenne, appelé ainsi en l'honneur du neurologue Guillaume-Benjamin Duchenne, surnommé Duchenne de Boulogne, qui a étudié la différence entre le sourire authentique, qui est vrai et sincère, et le sourire forcé (ou ironique, insolent, etc.).

On définit le sourire de Duchenne comme celui qui s'exprime dans la contraction autant des muscles zygomatiques (ceux qui étirent les coins de la bouche, ce qui a pour effet de montrer les dents) que des muscles orbitaires (qui créent les petites rides autour des yeux, appelées «pattes d'oie»). Le sourire sincère et authentique provient de la joie pure et vraie. On ne peut le feindre. Il est le produit d'un moment heureux, de ce qui nous fait du bien.

Toutefois, des recherches en psychologie positive ont également démontré que le fait de sourire plus souvent, même de manière mécanique, nous procure un état de bien-être. Plus encore, certaines études ont même confirmé que des étudiants qui s'efforçaient de sourire pendant un examen obtenaient de meilleures notes. Serait-il juste de dire qu'autant le sourire est une résultante de la joie, autant il la commande? C'est précisément ce que j'ai choisi de tester et les résultats de mon étude ont été plus que probants.

Le fait de sourire plus souvent m'a non seulement permis de ressentir la joie, mais également d'être plus calme et sereine. J'avais alors l'impression que mon sourire commandait à mon cerveau des pensées et des idées plus positives. J'avais tendance à me remémorer de bons souvenirs et à moins m'en faire pour des pacotilles. Le sourire a grandement allégé mon quotidien. Et que dire de son effet sur les autres? À moins bien sûr de passer pour un fou ou un déséquilibré (aux yeux d'individus non habitués à voir des gens sourire sans raison), vous verrez vos sourires se propager sur les visages environnants. Il faut l'avoir essayé pour comprendre ce que cela procure. Aucune description écrite ne saurait vous permettre de le ressentir.

L'attention délibérée, jumelée à l'habitude de sourire, vous aidera non seulement à maintenir un niveau élevé de vibrations positives, mais cela vous rendra également irrésistible. Tout le contraire d'un grincheux qui se plaint, critique et ne sourit jamais. On ne qualifierait jamais ce dernier de *sexy*. Alors, à nous de choisir! Comment voulons-nous vivre?

En maintenant nos vibrations à un niveau élevé, on devient plus puissant. Ainsi s'amplifie notre foi…

Mon offrande de la semaine:

En rentrant chez moi un soir, j'ai trouvé un triton vert juvénile au pas de ma porte. On aurait dit un mini-lézard. Je me suis agenouillée pour l'observer attentivement et j'en ai profité pour lui dire à quel point je le trouvais beau. Je l'ai remercié de s'être montré à moi. La nature est magnifique et fascinante, à l'instar de l'humain. Il faut simplement se souvenir de voir tout cela, et de ne pas le tenir pour acquis. Parfois, on ne regarde plus le vieux ou l'habituel en affirmant rechercher plutôt la nouveauté. Pourtant, il suffit de regarder avec un nouveau regard. Celui qui se laisse sans cesse émerveiller pour avoir l'impression de voir les choses pour la première fois offre le regard qui sourit à la vie !

Semaine 17

La foi

*« Si vous avez de la foi gros
comme une graine de moutarde,
vous direz à cette montagne : "Passe d'ici à là-bas",
et elle y passera. Rien ne vous sera impossible. »*

— Matthieu 17, 20

Lecture suggérée :
La Vie des Maîtres
par Baird T. Spalding,
éditions J'ai lu, coll. Aventure secrète

Il y a quelques années, j'ai assisté à une démonstration d'énergie libre. Un autiste québécois d'une cinquantaine d'années faisait fonctionner de petits modules électriques sans qu'ils soient branchés à une prise de courant. Il peut également faire fonctionner un séchoir à cheveux ou n'importe quel autre appareil. Pour l'activer, il dit : « Que ma volonté soit faite ! » Et il s'amuse vraiment à le faire et surtout à voir les réactions des gens dans la salle. Déjà, j'étais impressionnée par sa présentation, mais mon intérêt s'amplifia lors de l'entrevue qui suivit.

Lorsqu'on lui demanda comment tout cela était possible, il répliqua pourquoi ça ne le serait pas ? Il nous raconta qu'étant petit, il faisait fonctionner toutes sortes de jouets qui auraient dû nécessiter des piles. Pourquoi y parvenait-il ? Parce qu'il ne savait pas qu'on ne pouvait pas le faire. Personne ne lui avait dit que c'était impossible. Alors, il croyait que c'était possible et il le faisait !

Malheureusement, on a fait la vie dure à cet homme. On l'a accusé de supercherie, on l'a cru possédé du démon, on l'a même enfermé en prison. Or, si un jour vous le voyez en spectacle, je vous mets au défi de ne pas le croire !

La journée où j'ai assisté à l'une de ses représentations restera un moment fort de ma vie, parce que cet homme m'a fait prendre conscience de plusieurs choses… D'abord, nous sommes conditionnés à croire que certaines choses sont possibles et d'autres irréalisables. Ce sont des croyances que nous avons acceptées. Aujourd'hui, elles forment notre cadre de référence. Elles dictent notre conduite et créent notre réalité.

Remarquez à quel point plusieurs personnes sont sceptiques dès le départ. Pendant qu'elles assistent à la démonstration, elles cherchent l'arnaque et ne cessent de penser que ce n'est pas possible. Ainsi, elles recherchent inlassablement des preuves pour appuyer leur incrédulité. En même temps, on pourrait dire qu'elles résistent intensément. En quelque sorte, elles luttent activement pour ne pas croire.

À l'inverse, certaines personnes qui observent le phénomène éprouvent de la fascination pour ce qu'elles voient. Ces personnes se diront plutôt : *Wow! C'est fabuleux! Comment cela se peut-il? Et si c'était vraiment possible?* En réagissant ainsi, elles ouvrent la porte à de nouvelles croyances beaucoup plus puissantes.

La réalité est tributaire de l'attention que nous lui portons. C'est le phénomène de l'observateur et de l'observé qui interagit. D'où l'importance d'observer consciemment. Voilà une autre des vertus de la pleine conscience. En ralentissant notre rythme pour prendre le temps d'observer attentivement, nous nous donnons une période tampon ou un temps de neutralité. Nous nous trouvons alors dans cet espace hors croyances ou cet état de pure présence, et c'est à ce moment que nous avons la possibilité de changer les choses. Que choisirons-nous de croire?

Il m'est arrivé une expérience plutôt curieuse associée à ce phénomène. Je suis allergique aux chats depuis ma petite enfance. Je ne peux rester en présence d'un félin plus de quelques minutes, alors je peux encore moins le toucher. Un jour, assise à mon bureau, j'ai entendu un chat miauler comme s'il était blessé. J'ai levé les yeux pour l'apercevoir à la fenêtre. Il avait les yeux rivés dans les miens et j'eus l'impression de capter un appel à l'aide. Sans réfléchir, je sortis rapidement de la maison pour aller le secourir. Aussitôt, il vint vers moi en miaulant; après l'avoir examiné pour constater qu'il n'avait rien, je me mis à le caresser pour le calmer et lui apporter un peu de réconfort. J'étais remplie de compassion pour ce chat et complètement absorbée par sa présence.

Ce n'est qu'une heure plus tard, toujours concentrée sur mon travail, que je songeai que j'avais caressé un chat sans conséquence. À ce jour, c'est l'un des événements les plus incroyables qui m'est arrivé. Comme je suivais une formation avec Martha Beck à cette période, je me suis dit que j'avais réussi à atteindre cet état de compassion et de pure présence dont elle parlait souvent.

La foi ne fait pas que déplacer des montagnes, elle nous aide à percevoir l'éternité…

Mon offrande de la semaine:

Je me suis efforcée de faire taire l'avocate rationnelle en moi, celle qui avait toujours besoin de preuves. J'ai plutôt choisi de prendre exemple sur la candeur des enfants. Plutôt que de demander « pourquoi », j'ai pris l'habitude du « pourquoi pas ».

Semaine 18

Le voile

« *La mort ne détruit pas les liens tissés dans une vie.*
Elle les transforme. »

– *Jean Monbourquette*

Lecture suggérée : *La Preuve du paradis*
du Dʳ Eben Alexander,
éditions Guy Trédaniel

Quand je suis arrivée dans sa chambre, elle était recroquevillée dans son lit, les yeux clos, et elle éprouvait des difficultés respiratoires. Je venais d'apprendre que c'était la fin. Mamie Yvette, celle que j'aimais plus que tout, se préparait à quitter notre réalité terrestre. Sachant à quel point elle vénérait son «bon saint Joseph», j'avais pris soin de lui apporter ma petite statue à son effigie. Elle a immédiatement agrippé la statuette quand je lui ai déposée dans la main... Je tenais son autre main et je lui flattais les cheveux en lui redisant à quel point je l'aimais. Je lui serais éternellement reconnaissante pour tout ce qu'elle m'avait enseigné, transmis et donné si généreusement. C'était un moment hors du temps… Même si elle était inconsciente vu la forte dose de calmants qui lui était administrée, je la sentais bien présente. Je savais qu'elle m'entendait.

Je me souvenais qu'il n'y a pas si longtemps encore, je ne pouvais même pas envisager sa mort. J'en étais incapable. Je la voulais éternellement présente à mes côtés. Heureusement, ma renaissance et surtout le fait de m'être reconnectée à ma spiritualité ne sont pas arrivés par hasard… Sans le savoir, on me préparait sûrement à cette finalité. J'ai enfin compris pourquoi on disait que la mort ouvrait à la vie éternelle.

Ces dernières années, ma grand-mère avait ses moments d'absence. Elle n'était plus tout à fait la grand-maman allumée avec qui j'aimais tant discuter de spiritualité. Mais toujours elle arborait son plus beau sourire et on savait que, malgré la souffrance, elle appréciait encore la vie.

Le dernier soir avant son trépas, les membres de la famille se relayaient à tour de rôle pour l'accompagner du mieux qu'on le pouvait. On lui parlait, on lui racontait des souvenirs, on priait avec elle en tentant d'apaiser sa peur et ses souffrances. En tout temps, on s'assurait que quelqu'un lui tienne la main. Nous avions décidé d'être là pour elle et de l'aider à passer de l'autre côté du voile.

Tard ce soir-là, mon tour de garde s'est terminé, je suis partie me reposer, et j'ai laissé quelqu'un d'autre me remplacer. Intérieurement, je savais que je ne la reverrais pas vivante. Arrivée chez moi, au moment de garer ma voiture dans l'entrée, les premières notes de la chanson *Le Miracle* de Céline Dion se sont fait entendre. J'ai arrêté le moteur de la voiture, mais je me sentais poussée à écouter les paroles de la chanson. Puis, j'ai compris… Mamie Yvette me transmettait son ultime message :

Au-dessus de nous, dedans et tout autour

Le miracle est partout mon amour

Sauras-tu le voir ?

Au cœur de nos cœurs, au-delà des contours

Le miracle est en nous mon amour

C'est à toi de le voir

Ma belle mamie, tu avais raison. Tu t'apprêtais à quitter ton enveloppe terrestre, mais pour toujours tu continuerais de vivre au cœur de mon cœur et au-delà des contours. Tu as été la première à m'enseigner la science des miracles. Tu m'as appris à voir le beau, apprécier le bon et faire le bien. En ton honneur, il ne me restait qu'à pleinement intégrer tes divines leçons et poursuivre ma route en percevant les petits et grands miracles en tout et partout.

Cette nuit-là, j'ai bien essayé de dormir, mais je n'y arrivais pas. J'avais choisi de soutenir mamie dans cette étape importante. Je l'encourageais à aller vers la lumière. Je lui rappelais tous ceux qui étaient déjà là à l'attendre. J'aurais pu dire le moment précis où elle a quitté son corps physique. Je l'ai senti. Ce fut rapide et puissant en même temps. Alors, tranquillement, les yeux baignés de larmes, je me suis levée et je suis allée m'asseoir devant la fenêtre pour lui dire au revoir. Quelques secondes seulement après m'être assise, une étoile filante a traversé le ciel. J'ai su alors qu'une nouvelle étoile venait de naître au firmament.

J'eus le sentiment qu'une vie nouvelle s'amorçait autant pour toi que pour moi, grand-maman. Je savais que je te retrouverais sous une autre forme, dans une relation encore plus spéciale…

Rien n'est éternel, on le sait, mais tant que nous n'avons pas perdu ce que l'on a de plus précieux, on n'en capte pas la réelle importance. Alors seulement, on apprend la véritable leçon du détachement. On devient encore plus conscient du moment qui passe et de la nécessité d'en profiter. Comme dirait le Dr Seuss : « Ne pleure pas parce que c'est terminé, souris parce que c'est arrivé!» (*Don't cry because it's over, smile because it happened.*)

On réfère à cette notion de «voile» en le situant entre la vie terrestre et la vie éternelle, entre les mondes visible et invisible. Pourtant, il existe des situations où notre propre regard se voile, nous empêchant de voir une réalité beaucoup plus grande et majestueuse que ce que nous imaginons. Au même titre que le second souffle que nous souhaitons nous offrir, nous aurons intérêt à soulever le voile pour jeter un second regard sur ce que nous sommes en profondeur et en puissance. Comme le chante Céline, c'est à nous de le voir. Alors, prenons l'habitude de soulever le voile plus souvent afin de percevoir les miracles de l'existence!

Mon offrande de la semaine:

J'ai écrit cette lettre de gratitude à celle dont je suis physiquement séparée, mais à qui je serai éternellement reliée…

À ma grand-maman Yvette adorée:

♥   *Merci pour toutes les petites attentions, pour les rôties en forme de cœur et l'acquiescement à tant de petits caprices…*

♥   *Merci pour toutes les poupées de chiffon et plus spécialement pour Chiffonie, celle qui me rappelle la féerie qui se dégageait de toi ainsi que la faculté hors du commun que tu avais d'entretenir le cœur pur de l'enfance et la magie qui y est liée.*

♥ *Merci pour cette ouverture à la spiritualité, qui me porte encore aujourd'hui et me permet d'accomplir la mission de mon âme.*

♥ *Merci pour ton écoute et ton respect. Je n'ai jamais eu de secrets pour toi parce que jamais tu ne m'as jugée. Tu m'as appris l'amour inconditionnel, par-delà les apparences et le pardon.*

♥ *Merci pour la douceur et la tendresse qui émanaient de toi lorsque tu me serrais fort dans tes bras ou me parlais au téléphone.*

♥ *Merci pour ta confiance et ton soutien dans mes nombreux projets.*

♥ *Merci pour ton amour, ta gentillesse, ta générosité, ton humour, ta complicité, tes délicieux macarons et ton gâteau froid !*

Merci pour ce modèle de beauté et d'authenticité que tu auras été pour moi. Tu étais un exemple de bonté, de ténacité et de joie de vivre. Je me sens très choyée d'avoir eu une grand-mère telle que toi, une grand-mère sexy, zen et happy ! (J'ai cru que c'était mon ange qui m'avait inspiré ce programme, mais maintenant que j'y pense, ça pourrait bien être toi aussi ! À moins que vous ne soyez de connivence tous les deux…)

Je t'aime infiniment… et plus encore ! Je t'aime d'un amour qu'on ne pourra jamais mesurer.

Sois heureuse de l'autre côté du voile !

Ta petite-fille,

Christine

Semaine 19

Le don

*« Ne juge pas chaque jour à la récolte que tu fais,
mais aux graines que tu sèmes. »*

— *Robert Louis Stevenson*

Lecture suggérée :
L'Art d'être bon : oser la gentillesse
par Stefan Einhorn, éditions Belfond

En 2004, j'ai souhaité regrouper quelques femmes pour organiser des rencontres mensuelles qui nous offriraient l'occasion de nous inspirer mutuellement et de faire du bien autour de nous. Presque dix ans plus tard, dans mon élan *sexy, zen et happy*, je sentais que je devais développer ce concept à une plus grande échelle.

Je savais que ma grand-maman, d'où elle se trouvait, m'accompagnait dans ce projet. À ses funérailles, le prêtre nous avait rappelé sa devise : *Voir le beau, apprécier le bon et faire le bien.* J'ai donc décidé d'organiser des rencontres pour le grand public basées sur ce concept. Le premier dimanche de chaque mois, je loue une grande salle et les gens sont invités à adhérer au mouvement des Bontés divines.

Nous débutons toujours de la même façon, en nous énergisant le corps par la danse ou le chant et en méditant. Par la suite, nous offrons des mini-conférences ou des témoignages sur des sujets qui font du bien. Nous abordons des thématiques de l'ordre de celles que j'ai choisi d'étudier dans ce programme. Les participants sont également invités à mettre par écrit des intentions de prière pour ceux qui en ont besoin dans leur entourage.

Les petits papiers d'intention sont placés dans une grande boîte et nous nous réservons un moment pendant les rencontres pour prendre quelques minutes de silence et prier pour un suivi. Nous avons pris l'habitude d'utiliser la chanson *The Prayer* interprétée par Céline Dion et Andrea Bocelli pour accompagner ce moment de recueillement.

Chaque rencontre se termine par une action bienfaisante. Les gens paient un montant minime pour assister à ces réunions, et nous remettons tous les revenus à des causes qui nous tiennent à cœur, ou pour aider des individus à aller au bout de leurs rêves.

Lors de la première rencontre, j'avais proposé le projet Juliette. Cette idée m'est venue après avoir entendu l'histoire de Hannah Brencher sur le site www.ted.com. Alors qu'elle souffrait d'une dépression, Hannah s'est rappelé le plaisir qu'elle éprouvait à lire les lettres manuscrites rédigées par sa mère. Ainsi lui vint l'idée d'écrire des lettres d'amour qu'elle dissimulait à certains endroits pour que des inconnus les trouvent. Cette initiative est aujourd'hui devenue un mouvement international baptisé « *The World Needs More Love Letters* » (www.moreloveletters.com).

Peu de temps après avoir entendu parler de Hannah Brencher, j'ai visionné *Lettres à Juliette,* un film qui relate l'histoire du « mur de Juliette » à Vérone, où des femmes cachent des lettres d'amour entre les interstices d'un mur de pierres. Constatant encore une fois le pouvoir d'une lettre d'amour (amour qui peut prendre différentes formes), je proposai le projet Juliette aux Bontés divines.

Chaque personne présente avait pour mission d'écrire de trois à cinq petits mots gentils qu'elle devait par la suite aller cacher dans la ville, afin qu'une autre le trouve comme par hasard. Certaines en ont mis dans des livres à la bibliothèque, d'autres sur des étagères à l'épicerie, dans des casiers de sport, etc. Même sans savoir qui trouverait la lettre et l'émotion que cela lui procurerait, nous pouvions déjà ressentir une grande satisfaction à répandre l'amour sur de petits bouts de papier.

Et comme cela arrive souvent dans la vie, cette bonne action a fait place à une série d'idées toutes plus créatives et bienfaisantes les unes que les autres. C'est ainsi que j'ai entendu parler de l'histoire de Jérémie, un jeune homme de 18 ans de Québec qui, le jour de la Saint-Valentin, est allé distribuer des roses à des inconnues dans la rue en leur offrant en prime le plus beau des câlins. Son ami a tout filmé dans l'espoir d'encourager les jeunes de leur âge à faire de bonnes actions.

Ensuite, ce fut au tour de Madame Nathalie, enseignante à l'École primaire de Saint-Michel dans l'arrondissement de Beauport à Québec, d'organiser la journée du sourire. Le jour du 3 mai restera longtemps gravé dans la mémoire des élèves qui ont convaincu bien des gens de l'importance du sourire. Ce jour-là, on élisait le plus souriant et la plus souriante de chaque classe. Ils ont échangé sur ce qui les faisait sourire et ce qui les rendait heureux, avant de clore l'événement par une *happy dance* (danse joyeuse) qu'ils avaient chorégraphiée sur l'air de la chanson *C'est la vie* de Khaled.

Depuis, je ne compte plus tous les projets axés sur la bonté qui ont vu le jour. Chaque fois, la même sensation nous habite : le sentiment de faire une différence positive en ce monde, l'impression de participer à la création d'un monde meilleur.

La bonté ne se retrouve pas seulement dans les actes grandioses. Souvent, elle se transmet par de petits gestes qui honorent la dignité humaine. Il suffit parfois d'une délicate attention, d'une présence à l'autre, d'un tout petit service. Voilà une belle façon de s'engager positivement en ce monde.

Aujourd'hui, le mouvement des Bontés divines compte plusieurs groupes à travers la province de Québec ainsi qu'en Alsace, en Bretagne, à Paris, sur la Côte d'Azur et même en Guadeloupe. Pour en savoir davantage, je vous invite à visiter le www.bontesdivines.ca.

Mon offrande de la semaine :

Pour me nourrir de toute cette bonté qui m'entoure, je m'offre parfois une « méditation des anges terrestres ». En écoutant la chanson *Angel* de Sarah McLachlan, je pense à ces nombreuses personnes qui représentent de véritables anges terrestres pour moi. Vous savez, ces gens qui font une différence positive dans notre vie !

Semaine 20

L'amour

*« Tout le chemin de la vie, c'est de passer de l'ignorance
à la connaissance, de l'obscurité à la lumière,
de l'inaccompli à l'accompli, de l'inconscience
à la conscience, de la peur à l'amour. »*

– Frédéric Lenoir

*« Les hommes construisent trop de murs
et pas assez de ponts. »*

– Isaac Newton

Lecture suggérée:
Soyez le miracle par Regina Brett,
éditions Un monde différent

Si l'on me demandait ce que j'ai vécu de plus bizarre dans ma vie, je raconterais la nuit où j'ai reçu les mots *sexy, zen et happy*, mais également un étrange sentiment qui perdurait depuis ma tendre enfance. Lors des messes dominicales avec ma grand-mère, durant les bulletins de nouvelles dont je captais quelques bribes ou lorsque j'écoutais les adultes discutant de la vie, une petite voix me répétait sans cesse que la solution à tous nos problèmes était toute simple. Très souvent, j'avais l'impression d'entendre : « L'amour est la clé. L'amour vous guérira et vous sauvera. » Mais à ce jeune âge, je ne comprenais pas trop le sens de ce message.

Puis ma grand-mère maternelle m'a éveillée à la spiritualité et j'ai fréquenté une école où enseignaient les religieuses. L'une d'elles m'avait appris, en toute situation, avant d'agir, à me poser la question : *Que ferait l'amour dans cette situation*?

Plus récemment, alors que j'écrivais ce livre, je me suis réveillée en pleine nuit avec un message qui me donnait l'impression de défiler. Il fallait que je le note, car je sentais qu'il était difficile à saisir complètement. J'entendis d'abord : « *There is no bridges of hope that cannot be sustained…* » (Il n'y a pas de pont d'espoir qui ne puisse être soutenu…) C'était en anglais et je ne comprenais pas pourquoi, mais j'évitais de poser des questions. Je savais que les réponses viendraient ultérieurement.

Et au moment où je me munissais de papier et crayon, j'entendis la fin de la phrase : « *by love* » (par l'amour). Sincèrement, aujourd'hui encore, je ne crois pas avoir saisi toute la profondeur du message, mais j'en déduis que l'amour crée des ponts d'espoir.

Où ressentons-nous l'amour ? Dans le cœur. Et si le cœur était le pont entre le corps et l'esprit ? L'amour que nous nous portons, celui que nous offrons aux autres et à la vie dans son ensemble, nous relie à la Source (à Dieu). En vérité, l'amour étant issu de la Source, il y retournera toujours. Ainsi se crée le pont permettant à l'être humain de conserver la connexion entre notre corps (visible) et notre esprit (invisible).

L'amour est l'agent de liaison entre :

- Le matériel et le spirituel ;

- Le Ciel et la Terre ;

- La science et la spiritualité ;

- L'hémisphère gauche et l'hémisphère droit de notre cerveau ;

- Les végétaux, les animaux, les humains, les anges et Dieu ;

- La dualité et l'unification.

La liste pourrait s'allonger à l'infini, car l'amour a le pouvoir d'unir tout ce qui semble séparé. Dans notre monde de dualité, il existe donc une multitude de façons de le mettre en œuvre…

La prière ci-dessous, attribuée à saint François d'Assise, en est un bel exemple :

Seigneur, faites de moi un instrument de votre paix.

Là où il y a de la haine, que je mette l'amour.

Là où il y a l'offense, que je mette le pardon.

Là où il y a la discorde, que je mette l'union.

Là où il y a l'erreur, que je mette la vérité.

Là où il y a le doute, que je mette la foi.

Là où il y a le désespoir, que je mette l'espérance.

Là où il y a les ténèbres, que je mette votre lumière.

Là où il y a la tristesse, que je mette la joie.

Ô Maître, que je ne cherche pas tant à être consolé qu'à consoler, à être compris qu'à comprendre, à être aimé qu'à aimer, car c'est en donnant qu'on reçoit, c'est en s'oubliant qu'on trouve, c'est en pardonnant qu'on est pardonné, c'est en mourant qu'on ressuscite à l'éternelle vie.

Le fait de terminer mon programme *Sexy, zen et happy* par l'amour le rendait éternel. La fin de ce programme était le début d'une nouvelle vie. Et je savais dorénavant que la transformation faisait partie du vivant et ne cesserait donc jamais. Il n'y a pas un moment parfait que l'on atteint. Le paradis ou le nirvana existe à petites doses ou pour de courts instants qu'il nous faut apprécier pleinement.

Rappelons-nous que l'amour est le pont, celui qui nous permet de traverser :

de la solitude à l'ensemble;
de la faiblesse à la force;
de la résistance à la libération;
de la peur aux miracles;
de la graine à la fleur;
du mensonge à la vérité;
de la séparation à la connexion;
de l'ombre à la lumière;
de l'absence à la présence;
de l'instabilité à l'équilibre;
du doute à la foi;
de l'aveuglement à la lucidité;
de la demande à l'offre.

Aujourd'hui, je suis maintenant convaincue que l'amour est la clé qui ouvre toutes les portes. Vous vous souvenez de la grenouille présentée au début de ce

livre, qui tenait un livre dans ses mains ? Un livre dont l'histoire débutait par le mot « *happy* ». Peut-être aviez-vous remarqué un autre détail ?

Elle porte une clé à son cou. Il m'aura fallu me rendre presque au terme de mon programme pour enfin comprendre la signification de cette clé.

La vie est une formidable aventure, un jeu de pistes magnifiquement bien ficelé. Les réponses finissent toujours par parvenir à celui qui cherche. Par contre, la patience est de mise. Il nous est demandé de simplement suivre le rythme. Devenons ce danseur rempli d'amour pour la danse. Laissons-nous guider dans l'accomplissement de l'œuvre la plus sublime qui soit, notre vie.

Puis, un jour viendra peut-être où nous n'aurons même plus besoin de clé – car ce jour-là, il n'y aura plus de serrures sur les portes. Nous nous serons élevés au-delà de la souffrance et toute protection sera devenue inutile. Ce jour-là, l'amour aura triomphé et ce sera la paix sur la Terre.

Mon offrande de la semaine :

J'ai osé dire « je t'aime ». Pas « je t'apprécie », « je t'aime bien » ou des formules plus discrètes et moins engageantes. Non, un vrai « je t'aime » bien senti. Je l'ai dit aux enfants de mon entourage, à ma famille, à mes amis et même à des collègues de travail. Et cela m'a fait chaud au cœur…

Semaine 21

Le manifeste

Si j'étais présidente...

Manifeste pour un monde sexy, zen et happy

« Quel est le meilleur gouvernement ?
Celui qui nous enseigne à nous gouverner
nous-mêmes. »

– *Johann Wolfgang von Goethe*

« Ne demandez pas ce que votre pays
peut faire pour vous.
Demandez ce que vous pouvez faire pour votre pays. »

– *John F. Kennedy*

Lecture suggérée :
Comment être heureux... et le rester :
augmentez votre bonheur de 40 % !
par Sonja Lyubomirsky, éditions Flammarion

C'est en dansant toute seule dans mon salon un soir, sur la chanson *Si j'étais président*, interprétée par Gérard Lenorman et les Gipsy Kings, que l'idée de rédiger ce manifeste m'est venue.

Je chantais à tue-tête toutes ces phrases commençant par : « Si j'étais président... » Puis, je me suis véritablement posé la question : *Si j'étais présidente, première ministre ou du moins plus influente, qu'est-ce que je ferais ?* Voici quelques idées...

Si j'étais présidente...

* On enseignerait la spiritualité dans toutes les écoles, du primaire à l'université.

* Des zones de méditation seraient aménagées dans les écoles et les bureaux.

* Des éléments de la nature seraient intégrés dans toutes les habitations et tous les endroits publics.

* Des groupes de Bontés divines se formeraient dans toutes les municipalités.

* Des pancartes seraient installées sur les routes et dans les villes pour nous rappeler de sourire.

* Il y aurait des pauses musicales dans les bureaux et ailleurs pour que les gens puissent chanter et danser pendant quelques minutes chaque jour.

* Avant chaque opération dans les hôpitaux, les membres du personnel soignant observeraient quelques minutes de silence pour demander d'être divinement guidés dans leurs tâches.

* Partout, tout le monde se saluerait, tout le temps.

* Sur la route, la courtoisie deviendrait une habitude bien ancrée.

* En se croisant sur la rue, les gens se béniraient les uns les autres, intérieurement.

* En plus des boîtes aux lettres, j'inviterais les gens à installer des «boîtes à livres» pour y laisser des ouvrages à échanger entre voisins. On en prendrait un, on en laisserait un en échange!

* À l'image des marchands de crème glacée, de glace (comme Monsieur Cornet quand j'étais petite), des petits camions du bonheur circuleraient dans les villes pour distribuer des pensées positives.

* Des «*Team* Tendresse» se promèneraient un peu partout, surtout dans les hôpitaux et les résidences de personnes âgées, pour offrir des câlins à ceux qui en ressentent le besoin.

* Les bulletins de nouvelles se termineraient toujours par une bonne nouvelle.

* On encouragerait la coopération plutôt que la compétition.

* On serait plus présent aux autres, développant notre qualité d'écoute et notre compassion.

* Chacun serait responsable de s'épanouir et de laisser briller sa lumière pour inspirer les autres à en faire autant.

La liste pourrait se prolonger à l'infini, car il existe une multitude de bonnes idées toutes plus créatives et bienfaisantes les unes que les autres pour rendre notre monde meilleur.

Et vous, si vous étiez président ou présidente, que feriez-vous pour que notre monde se porte mieux?

N'hésitez pas à présenter vos «promesses électorales» ou vos idées créatives et bénéfiques à votre entourage et sur les médias sociaux. Qui sait, nous influencerons peut-être les dirigeants de notre pays!...

Conclusion

« Vous êtes nés avec un potentiel.
Vous êtes nés pour la bonté et la confiance.
Vous êtes nés avec des idéaux et des rêves.
Vous êtes nés pour accomplir de grandes choses.
Vous êtes nés avec des ailes.
Vous n'êtes pas faits pour ramper, alors ne le faites pas.
Vous avez des ailes.
Apprenez à les utiliser et envolez-vous. »

– Rûmi, mystique persan

La première fois que je suis allée à Paris, j'étais si obnubilée par la multitude de merveilles architecturales que j'ai passé la semaine à courir pour m'assurer de ne rien manquer. Lors de mon second voyage dans la Ville lumière, j'ai eu l'impression d'être encore plus émerveillée, mais davantage dans le calme et la gratitude. Ayant à peu près tout vu ce que je souhaitais voir, je pouvais maintenant m'offrir le loisir de choisir les endroits où je désirais retourner. Je prenais alors le temps de ressentir l'énergie de chaque lieu en dirigeant mon attention sur ses moindres détails.

Encore aujourd'hui, chaque fois que je retourne à Paris, je suis envoûtée par la beauté qui s'y trouve. J'y ai maintenant mes adresses de prédilection et je suis toujours enchantée de faire continuellement de nouvelles découvertes.

Les différentes parties de notre voyage terrestre pourraient se comparer à cette expérience parisienne. Dans notre jeunesse et notre vie de jeune adulte, nous sommes avides d'exploration et nous aimerions parfois accélérer le rythme pour accumuler le plus d'expériences possible. Une fois rendu à l'âge adulte et plus encore au mitan de la vie, le processus semble s'inverser. Nous aimerions ralentir le cours des choses pour en profiter davantage. Nous nous entendrons dire : « Que le temps passe vite ! »

Voilà l'inestimable et surprenant cadeau du programme *Sexy, zen et happy*. En honorant mon corps, en calmant mon esprit et en ressentant la joie dans mon cœur, j'ai entrepris l'unification de tout mon être. Ainsi, j'ai commencé à ressentir un doux sentiment de quiétude intérieure et un état de profonde complétude. En ralentissant le rythme et en étant plus présente, mes sens se sont affinés. J'ai compris qu'en percevant l'infiniment petit, on voyait toute l'immensité et la magie de la vie.

Dans une suite logique, mon pouvoir de manifestation s'est amplifié au moment où j'ai pris conscience que nous n'avions besoin de rien. Tout est déjà là et si nous parvenons à le voir, nous pouvons en jouir dès maintenant. Marcel Proust disait : « Le vrai voyage, ce n'est pas de chercher de nouveaux paysages, mais un nouveau regard. »

Nous pourrions changer les lieux, les personnes et les circonstances, mais souvenons-nous de l'essentiel : il est toujours possible de s'offrir un second souffle. Ce regard nouveau que nous porterons autant sur soi-même que sur le monde qui nous entoure nous permettra de décupler nos facultés et de voir une myriade de nouvelles possibilités. C'est la sortie du cocon qui amène la découverte d'un potentiel illimité et d'une vie immensément plus riche.

Cette seconde naissance s'effectue lorsque nous prenons conscience de notre magnificence et que nous devenons pleinement responsables de notre vie et de notre bonheur.

Ce jour-là, on ouvre toutes grandes nos ailes et, à l'instar de l'aigle dans la légende amérindienne, on fait notre « vol de renaissance », celui qui nous mènera au cœur de soi, mais aussi à la Source ultime qui ne se tarit jamais. Ainsi s'amorce une nouvelle vie, une vie *sexy, zen et happy* !

Remerciements

Merci à Michel Ferron et à toute l'équipe des éditions Un monde différent qui ont eu la patience d'attendre ce manuscrit et la gentillesse de le publier ! Un merci plus particulier à Jacques Côté et Lise Labbé (ange terrestre de l'écriture) qui ont révisé ce manuscrit.

Merci à mon ami Marc Fisher pour sa discrétion et sa délicatesse lors de sa lecture de ce manuscrit en cachette… Tu ne cesseras jamais de m'étonner et tu me fais du bien !

Merci à France Bouchard, photographe, pour ta délicate présence et ton immense talent. Continue de faire des demandes à l'Univers !

Merci à ma famille et mes amis qui m'ont soutenue dans cette aventure. Quelle délicatesse et quelle élégance vous avez eues de me faire savoir que vous étiez là tout en acceptant mon rythme de création. Vous m'avez aidé à respirer en respectant mes périodes d'inspiration en solo tout autant que celles plus sociales de l'expiration.

Pour leur «aide immobilière» pendant l'écriture de ce livre, merci à Marc Fisher, Jean-Louis Couturier, Morris S., Julien Paquin, Nicole Labrecque ainsi que Chantal Fleurant.

Merci à vous, fidèles lecteurs, téléspectateurs, amis Facebook, participants à mes conférences et autres activités. Je voudrais pouvoir vous dire dans le creux de l'oreille à quel point je me sens choyée de votre présence. Sachez que vous êtes l'inspiration qui me pousse à poursuivre mes recherches et mes expérimentations. Mon cheminement se fait autant pour vous que grâce à vous.

Un merci tout spécial à mes excentriques compagnons de vie, Chiffonie, Chopin et Jujube. Je vous comprends au-delà des mots, je vous ressens dans mon cœur…

Enfin, merci à la vie, Dieu, mon ange, Juliette, mamie Yvette et tous mes divins inspirateurs. Je sais que nous œuvrons de concert pour voir le beau, apprécier le bon et faire le bien.

Annexe 1
L'application du programme

Je n'aime pas qu'on me dicte comment faire les choses, je préfère le découvrir par moi-même. Selon moi, il n'y a rien de pire que les « comment » dans la vie. Trop souvent, ils nous bloquent et nous empêchent de penser par nous-mêmes. Ils nous en font oublier le « quoi ». La question la plus importante est :

« Qu'est-ce que vous voulez ? » C'est votre intention dans toute sa force et sa puissance qui vous permettra de découvrir ou de créer des façons de faire pour parvenir à vos fins.

Bouddha a dit : « La réalisation réside dans la pratique. » Pratiquez votre art de vivre selon vos propres inspirations. Ainsi, vous saurez ce qui est bon pour vous.

J'ai souvent dit que l'écriture pour moi est constituée de 50 % de pur bonheur et de 50 % de dur labeur. Toutefois, je ne pourrais m'en passer. Curieusement, alors que j'écrivais ce livre, les articles que je devais rédiger pour des magazines, et qui me paraissaient ardus à écrire auparavant devenaient beaucoup plus faciles en comparaison de l'écriture de ce manuscrit. Cette prise de conscience m'a permis de comprendre l'importance de l'évolution, de la réalisation des rêves et du dépassement de soi. C'est en accédant aux niveaux supérieurs que nous nous facilitons la tâche...

Alors, si comme moi vous avez le goût de vous donner un second souffle, vous pouvez décider d'entreprendre le programme *Sexy, zen et happy*. Vous avez le choix de le suivre tel quel en étudiant les thématiques de chacune des 21 semaines ou vous pouvez vous en inspirer pour créer votre propre programme.

La structure n'a aucune importance. Seul compte votre désir de renaître à la meilleure version de vous-même. En entretenant une intention forte en ce sens, la vie vous guidera pour cheminer.

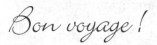

Bon voyage !

Annexe 2

Le Divin Cadeau

Dans mon premier livre, *C'est beau la vie*, je vous confiais la miraculeuse efficacité d'un exercice que j'avais conçu pour m'aider à attirer la maison de mes rêves. Cet exercice, que j'ai baptisé « Le Divin Cadeau », était envoyé automatiquement à toutes les personnes qui s'inscrivaient sur mon site Internet à l'époque.

Vu le nombre impressionnant de messages reçus pour me relater de fabuleuses histoires d'attraction après l'exécution de cet exercice, et parce qu'il combine plusieurs des thématiques présentées dans le programme *Sexy, zen et happy*, j'ai le plaisir de vous l'offrir à nouveau.

Le Divin Cadeau vous aidera à manifester vos désirs en vous permettant d'entrer dans le courant de la grâce. Vous pouvez le faire au quotidien, de préférence le matin au réveil ou quand le cœur vous en dit.

Le Divin Cadeau

1. D'abord, je prends trois grandes respirations en m'imaginant faire le vide et me libérer pour faire place au Divin Cadeau.

2. Je prends conscience d'une de mes qualités ou d'un aspect positif de moi-même.

3. Qu'est-ce que je voudrais vivre, attirer, transformer dans ma vie? Quel est ce rêve qui me tient tant à cœur?

4. Je prends conscience de la présence actuelle autour de moi (sous différentes formes) de ce que je désire attirer dans ma vie et je dis merci!

5. Je visualise ma vie en m'imaginant que j'ai atteint mon but ou réalisé mon rêve.

6. Qui pourrait m'assister énergétiquement, divinement dans mon processus de manifestation? (Identifiez des gens qui ont déjà réalisé ce que vous voulez et que vous admirez ou nommez quelqu'un qui vous aime inconditionnellement, en qui vous croyez.)

7. Qu'est-ce qui m'aiderait à me sentir bien aujourd'hui?

8. De quelles façons pourrais-je être bon ou bonne aujourd'hui? Qu'est-ce que je pourrais faire de bien?

C'est avec énormément de joie et de gratitude
que j'accepte mon Divin Cadeau, qui me sera
offert au meilleur moment et de la meilleure
façon pour le plus grand bien de tous.

Signature : _____

Date : _____

Bibliographie

Alexander, Eben, D^r, *La Preuve du paradis: Voyage d'un neurochirurgien dans l'après-vie*, Paris, Guy Trédaniel éditeur, 2013, 236 p.

Allaire, Dominique, *Manuel du Maître*, Québec, éditions Le Dauphin Blanc, 2008, 176 p.

André, Christophe, *Méditer, jour après jour: 25 leçons pour vivre en pleine conscience*, Paris, éditions de L'Iconoclaste, 2011, 304 p.

Beck, Martha, *Trouvez votre voie dans un monde changeant*, Québec, éditions Le Dauphin Blanc, 2013, Titre original: Finding Your Way in a Wild New World.

Bolte Taylor, Jill, D^{re}, *Voyage au-delà de mon cerveau: Une neuro-anatomiste victime d'un accident cérébral raconte ses incroyables découvertes*, récit, traduit par Marie Boudewyn, Paris, JC Lattès, 2008, 233 p.; coll. Aventure secrète, Paris, éditions J'ai lu, 2009, 214 p. Titre original: *My Stroke of Insight*

Braden, Gregg, *La Divine Matrice*, traduit par Louis Royer, Montréal, éditions Ariane, 2007, 261 p. Titre original: *The Divine Matrix: Bridging Time, Space, Miracles, and Belief*

Brett, Regina, *Soyez le miracle: Quand l'impossible devient possible*, traduit par Jocelyne Roy, coll. Développement

personnel, Brossard, éditions Un monde différent, 2013,
336 p. Titre original : *Be the Miracle*

Chopra, Deepak, *Les Sept Lois spirituelles du succès : Demandez
le bonheur et vous le recevrez*, traduit par Marie-Odile
Hermand, coll. Aventure secrète, Paris, éditions J'ai lu,
2004, 112 p. Titre original : *The Seven Spiritual Laws of
Success*

Einhorn, Stefan, *L'Art d'être bon : oser la gentillesse*, préface de
Thomas d'Ansembourg, traduit de l'anglais par Christine
Lefranc, Paris, éditions Belfond, 2008, 221 p. Titre original :
Konsten att vara snäll (*The Art of Being Kind*)

Fynn, *Anna et Mister God*, avant-propos de Vernon Sproxton,
illustrations de William Papas, traduit par Luc de
Goustine, Paris, éditions du Seuil, 1976, 199 p. Titre
original : *Mister God, This Is Anna*

Hanh, Thich Nhat, et D^re Lilian Cheung, *Savourez! Mangez et
vivez en pleine conscience*, Paris, Guy Trédaniel éditeur,
2011, 356 p.; Québec, éditions Le Dauphin Blanc, 2011.

Loreau, Dominique, *L'Art de l'essentiel : Jeter l'inutile et le
superflu pour faire de l'espace en soi*, coll. Psychologie
Développement personnel, Paris, éditions Flammarion,
2008, 189 p.

Lyubomirsky, Sonja, *Comment être heureux… et le rester :
Augmentez votre bonheur de 40 % !*, traduit par
Camille Fort, coll. Documents et Essais, Paris, éditions
Flammarion, 2008, 379 p.; coll. Marabout Poche, éditions
Marabout, 2011. Titre original : *The How of Happiness : A
Practical Approach to Getting Life You Want*

Mallasz, Gitta, *Dialogues avec l'ange*, avec la collaboration de
Dominique Raoul-Duval, présenté par Claude Mettra,
éditions Aubier Montaigne, 2007 (1976), 396 p. Titre
original : *Talking With Angels*

Özkan, Serdar, *La Rose retrouvée*, coll. Littérature & Documents,
éditions Le Livre de Poche, 2011, 256 p.; Paris, Presses du
Châtelet, 2009, 234 p.

Richardson, Cheryl, *L'Incontestable Pouvoir de la grâce,* traduit de l'américain par Renée Thivierge, Varennes, éditions AdA, 2005, 304 p. Titre original : *Experience the Power of Grace*

Roth, Geneen, *Les Femmes, la Nourriture et Dieu : Mangez, changez vos pensées et atteignez votre poids santé,* adaptation de Christine Sheitoyan, Brossard, éditions Un monde différent, 2012, 240 p. Titre original : *Women Food and God : An Unexpected Path to Almost Everything*

Rubin, Gretchen, *Happier at Home : Kiss More, Jump More, Abandon Self-Control, and My Other Experiments in Everyday Life,* Toronto, Doubleday Canada, 2012, 320 p.

Schmidt, Karl Otto, *Le Hasard n'existe pas,* traduit par Suzanne Engelson, Paris, éditions Astra, 1996, 241 p.

Seligman, Martin, *S'épanouir : Pour un nouvel art du bonheur et du bien-être,* préface de Christophe André, traduit par Brigitte Vade, Paris, éditions Belfond, 2013, 427 p. Titre original : *Flourish : A Visionary New Undestanding of Happiness and Well-being*

Spalding, Baird T., *La Vie des Maîtres,* traduit par Louis Colombelle, coll. Aventure secrète, Paris, éditions j'ai lu, 2004, 443 p. Édité confidentiellement en 1946 et publié en 1972 par Robert Laffont; plus de 25 rééditions; traduit en 1937

Strelecky, John P., *Le Why café,* traduit de l'américain par Alain Williamson, Québec, éditions Le Dauphin Blanc, 2009, 156 p.

Williamson, Alain, *Le Luthier : Apprendre à méditer pour se libérer du stress et des tensions profondes,* coll. Aventure secrète, éditions J'ai lu, 2013 (2005), 288 p.; Paris, éditions JC Lattès, 2005

Si vous désirez écrire à l'auteure :
christine@christinemichaud.com

Pour en savoir plus au sujet de Christine et de ses
conférences, consultez son site Internet :

www.christinemichaud.com

Pour en apprendre davantage sur les Bontés divines
ou pour assister à une rencontre :

www.bontesdivines.ca